環境によって
子どものやる気は
違ってきます

ASD、ADHDの
特性に合わせて得意を伸ばす
学校生活

発達障害の子どもが自立できる学習環境のつくりかた

監修＊宮尾益知　どんぐり発達クリニック院長

河出書房新社

はじめに

発達障害の子どもたちが、一人ひとりの持てる力を最大限発揮することができるようになれたら……。小学、中学以降も学び続け、自立した暮らしが送れるようになるには、学童時期からの環境づくりが大きく影響してきます。

たとえば、ＡＳＤの子どもの場合には教室の中でも独特の行動をとることがあります。しかし、学校には全体のためのルールもあるので、時にそれらの環境の中で困りごとが起きてしまうこともあるのです。ＡＤＨＤの子どもも同様に、「不注意」や「多動性」「衝動性」のある特性のために、学校生活の中でも失敗を繰り返してしまうことがあります。しかし、それらは一人ひとりの特性でもあるのです。

ＡＳＤやＡＤＨＤの特性を持つ子どもたちは、上記のような行動を起こし周囲から誤解されてしまうこともあるのです。とはいえ、彼ら一人ひとりの特性にあった環境があれば、子どもたちは伸び伸びと自らの能力を伸ばし力を発揮することもできるのです。

この本の中では、発達障害のある子どもたちの特性を解説するとともに、どのような環境が特性を持つ子どもたちに合っているのかを解説するとともに、発達障害のある子どもたちにとって学ぶ環境の選択肢にはどんなものがあるのかなどを示しています。通常の学校だけではなく、発達障害のある子どもに適した指導を行っている学校も多くあるのです。

将来にわたり、子どもたちが周囲の子どもたちや社会と上手に暮らしていくためにはどんな工夫が必要なのか？　それらの情報が詰まった一冊です。

Contents

Contents

Contents

第1章

押さえておきたい、発達障害の基礎知識

発達障害は、コミュニケーション、言語、社会性などの発達に、何らかの特性や偏りがあることで生じる不適応の状態をいいます。それが具体的にどのようなものなのか、成長の過程でどのような影響があるのか、基本的な知識を押さえて正しく理解しましょう。

発達障害は、どうして起きるの

発達障害の原因やメカニズムはまだ解明されていませんが、生まれつき脳の機能に何らかの問題があることで起こる不適応の状態であることがわかっています。

先天的に脳の機能に不具合がある

近年、発達障害が広く知られるようになってきました。

発達障害が起こる原因やメカニズムはまだ解明されていませんが、生まれつき脳の機能に何らかの不具合があり、成長の過程でさまざまな症状や特性があらわれて、不適応の状態になることがわかっています。

しかも、精神的な症状ではなく、認知（理解や行動）に問題があって、生活面や学習面に問題が生じることが明らかになっています。したがって、親の育て方やしつけ、本人の性格によるものではありません。

そうしたことから、ある種の特性や傾向があっても、社会にうまく適応し、生活を送る上で特に支障がないようなら、発達障害があるとは見なされません。

脳の不具合は、どうして起きる

発達障害の原因やメカニズムについては、いまだにわからない部分が多いのですが、脳の前頭葉、間脳、小脳、海馬、扁桃体などの働きに関係しているのではないかと考えられています。

たとえば、ＡＳＤ（自閉症スペク

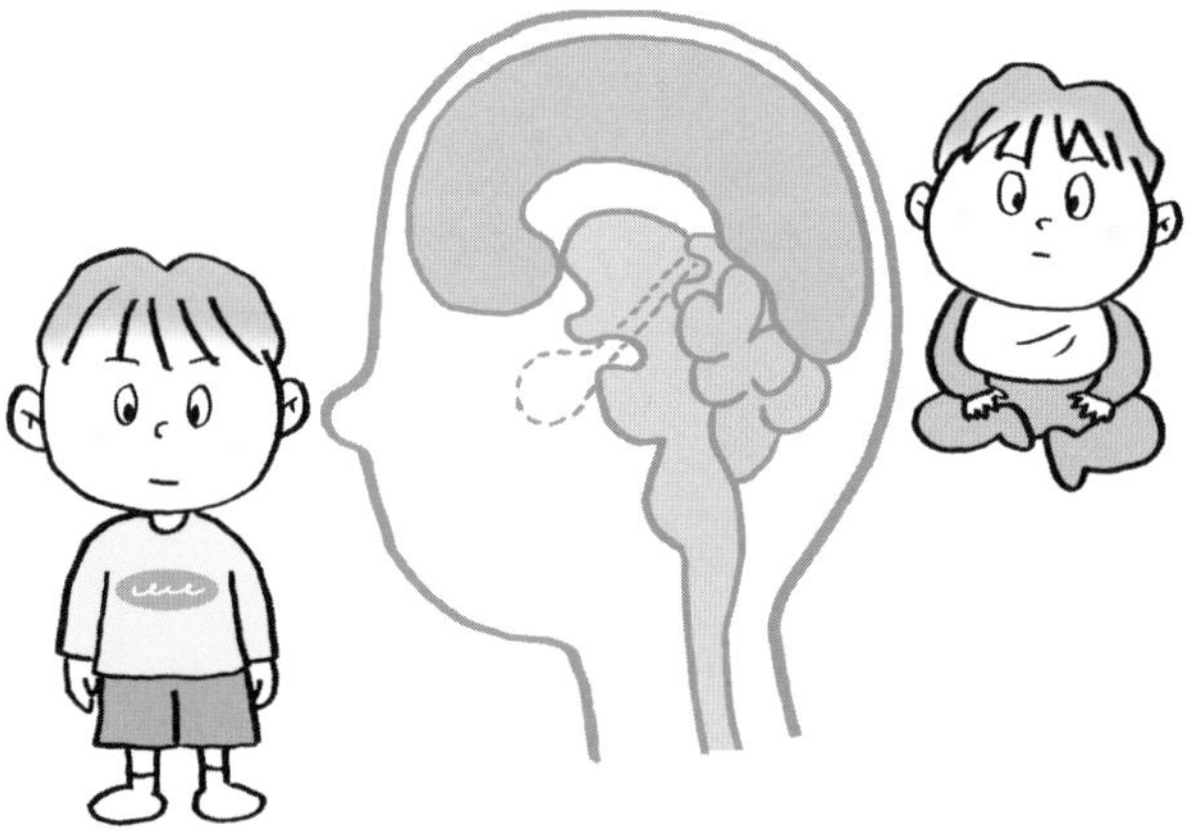

トラム障害）は、中枢神経系の障害と考えられています。中枢神経系というのは、脳と脊髄から成る神経で、視覚、言語、音、味、痛み、温度など、あらゆる情報を受け取り、それに応じて全身の各部位に指令を出して、行動や生命維持などをコントロールしている器官です。

　ＡＳＤの子どもは、この中枢神経がうまく働かず、脳と体の各部の情報のやりとりがスムーズにいきません。そのため、認知機能にさまざまな問題が起こり、理解や行動面に特性があらわれてくると考えられています。

親や学校の先生の支援によって子どもは変わっていく

　発達障害は、生まれながらの脳の障害であることから、自然に治ることもまた治すことも難しいといえます。程度の差はあれ、障害による特性は一生続くと考えられます。

　しかし、発達障害であっても、成長の過程で必ずしも問題が生じるとは限りません。特性によっては経験や学習を積むことで、少しずつ目立たなくなってくるものもあります。親や学校の先生の支援の仕方で、子どもは大きく変わっていきます。適切な環境で適切な支援を受けることによって、子どもが本来持っている可能性を広げ、能力や長所を伸ばしていくことができるのです。

　それにはまず、発達障害がどんなものかを理解し、特性も一つの個性ととらえて、子どもにさまざまな働きかけを行っていくことが重要です。

発達障害には、どんな種類があるの

発達障害には、おもに「ASD（自閉症スペクトラム障害）」「ADHD（注意欠如・多動性障害）」「LD（学習障害）」という三つの種類があります。

発達障害は、大きく三つに分類される

発達障害には、「ASD（自閉症スペクトラム障害）」「ADHD（注意欠如・多動性障害）」「LD（学習障害）」の三つの種類があります。

ひと口に発達障害といっても、あらわれ方は人それぞれで、単独の障害としてあらわれる場合もあれば、複数の障害が併存している場合もあります。どの種類の発達障害かを見分けるために、さまざまな診断基準や指標が設けられています。

ASDには、かつては「自閉症」「自閉性障害」「広汎性発達障害」「アスペルガー症候群」など、さまざまな名称が用いられていました。しだいにこれらをまとめて一つの連続体（スペクトラム）ととらえるようになり、現在ではASDの名称が用いられています。ただし、わかりやすく伝えるための通称として、あるいは行政や教育現場において、今でも「自閉症」や「アスペルガー症候群」という名称が用いられる場合もあります。

ASDの大きな特徴として、社会的な対人関係を築くのが難しい、他人とコミュニケーションがうまくと

れない、興味の範囲が狭くこだわりが強いことなどがあげられます。

ＡＤＨＤは、「不注意」「多動性」「衝動性」というおもに行動面に特性のある発達障害です。その特性は、落ち着きがない、よく考えずに行動する、物をよくなくす、注意を一つに向けられない、一つのことに集中すると他のことに注意が向けられない、時間が守れないなど多岐にわたります。

ＬＤは、知的能力が〝部分的に〟遅滞している状態を指します。知的能力として、「聞く」「話す」「読む」「書く」「計算する」「推論する」など六つの能力があげられますが、これらのうち一つ以上に遅れや困難が認められます。そのため小学校入学後に、授業で「教科書が読めない」「漢字が書けない」「算数の問題文が理解できない」などによって気づくことが多くなります。

発達障害の三つの種類

◆ＡＳＤ（自閉症スペクトラム障害）

ＡＳＤには、自閉症、アスペルガー症候群、特定不能の広汎性発達障害などが含まれます。ＡＳＤの典型的な特性として、「社会的なやりとりの障害」「コミュニケーションの障害」「こだわり行動」という三つがあげられます。

◆ＡＤＨＤ（注意欠如・多動性障害）

「不注意」「多動性」「衝動性」という三つの特性があり、集中力がない、落ち着きがない、よく考えずに行動する、物をなくす、忘れ物をする、時間を守れないなど、おもに行動面にさまざまな特性があらわれます。

◆ＬＤ（学習障害）

「読む」「聞く」「話す」「書く」「計算する」「推論する」など六つの能力のうち一つ以上に遅れや困難があり、学習の習得に時間がかかります。

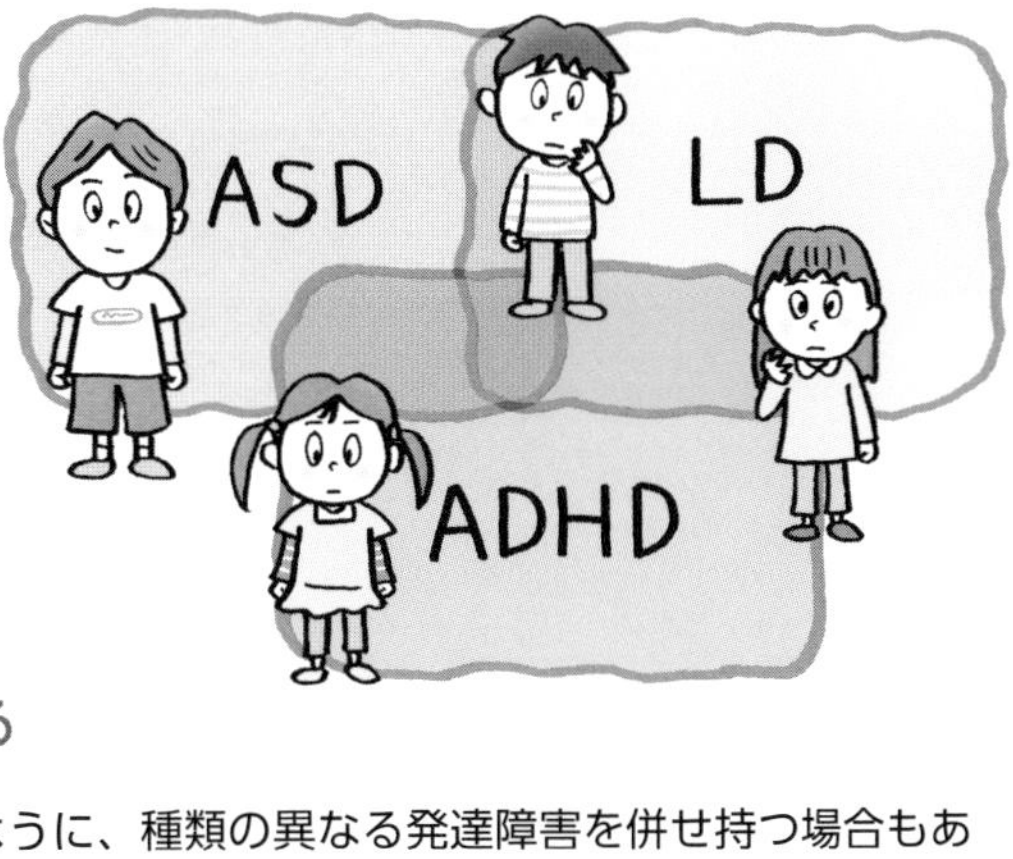

◆二つあるいは三つが併存することもある

ＡＳＤとＡＤＨＤ、ＡＤＨＤとＬＤというように、種類の異なる発達障害を併せ持つ場合もあります。また、突発的で不規則な体の動きや発声を繰り返す「チック障害」などと併存することもあります。

ＡＳＤの子どもの基本的な特性とは

ＡＳＤには、「社会的なやりとりの障害」「コミュニケーションの障害」「こだわり行動」という三つの特性があります。ただ、特性はあっても知的な遅れがない場合もあります。

社会性やコミュニケーションに特性がある

ＡＳＤの子どもに見られる特性として、「社会的なやりとりの障害」「コミュニケーションの障害」「こだわり行動」があげられます。これらを「三つ組みの特性」といいます。

　社会的なやりとりの障害は、場の空気がうまく読めない、暗黙のルールを理解できないなど、さまざまな社会的状況に応じた判断や行動がとれないことをいいます。

　コミュニケーションの障害は、言葉を用いて相手に何かを伝えるなどのやりとりが難しいことに加え、表情や身振り手振りなど非言語的コミュニケーション（ノンバーバルコミュニケーション）が理解できないことなどを指します。

　こだわり行動とは、物事のある一部分に強い関心を持つ、自分の決めたルールや手順に沿って行動するなどです。たとえば、階段は必ず右足から上り始める、中のお菓子よりパッケージに興味を持つ、本を自分の好きな順番に並べるなど、独特のこだわりを見せます。これらは不安や緊張と関連した行動と考えられています。

　幼児期や女の子の場合、ＡＳＤのこうした特性が目立たず、気づかれないこともあります。しかし、小学校に上がるころになると、特性のために周囲にうまくなじめず、孤立してしまうことがあります。

ＡＳＤの基本的な三つの特性（三つ組みの特性）

❶ 人との関わりが苦手
（社会的なやりとりの障害）

- 人と目を合わせない
- 他人にあまり関心を持たない
- 名前を呼ばれても反応しない
- 相手や状況に合わせて行動するのが苦手
- 集団での活動・遊びが苦手

❷ コミュニケーションがうまくとれない
（コミュニケーションの障害）

- 言葉に遅れがある、言葉がなかなか出ない
- 誰かと話そうという気持ちがあまりない
- 相手の表情から気持ちを読み取れない
- たとえ話を理解することが苦手

❸ こだわりがある・想像力が乏しい（こだわり行動）

- 言われたことを額面通りに受け取りやすい
- 細部にとらわれて最後までやりとげるのが苦手
- 自分なりのやり方やルールにこだわる
- 急に予定が変わるとパニックを起こす

AS（アスペルガー症候群）の子どもの基本的な特性とは

ASDの一つである「AS（アスペルガー症候群）」は、知的な遅れは見られないものの、社会性やコミュニケーションに一定の特性があります。

特性に気づかれないまま成長する場合も

ASDの一つに「AS（アスペルガー症候群）」があります。ASは、ASDの「三つ組みの特性」は見られますが、知的な遅れや言葉の遅れが見られず、対人関係の障害が比較的軽度な状態を指します。

ASの子どもの社会的なやりとりに関しては、基本的に一人でいることを好む、人との関わりが受け身かまたは一方的、人の気持ちを理解することが苦手といった特性が見られます。コミュニケーションにおいては、言葉による指示を理解できない、会話がかみ合わない、敬語が不自然、皮肉やたとえ話が通じないなどの特性があり、身振り手振りや表情など言葉を使わない非言語的コミュニケーション（ノンバーバルコミュニケーション）もうまく理解できません。

また、興味の対象が限定的で、パターン化された行動が多いこともあげられます。たとえば、特定の物事に強い興味を示す、自分なりのルールやり方にこだわる、興味のあるものに対しては深い知識を持つといったことです。

ただ、知的な遅れが見られないことから、表面的には人間関係やコミュニケーションに大きな問題は起こりにくいため、周囲から「少し変わった子」と思われる程度で、本人も周囲も特性があることに気づかないまま大人になる場合が少なくありません。中には、学校の成績が優秀で有名な大学を卒業し、社会的に成功をおさめたり、研究の分野で大きな成果を上げたり、芸術の分野で才能を発揮する人もいます。

AS（アスペルガー症候群）のおもな特性

❶ マイペースな対人行動

- 相手の気持ちや状況を考えない
- マイペースな行動が目立つ
- 人見知りをしない
- 自分の言いたいことを一方的に話す
- 思いついたことをそのまますぐに口に出す
- その場の空気を読むことが苦手
- 暗黙の了解がうまく理解できない
- 周囲からは“自己チュー”だと思われることが多い

❷ 早くて達者な言葉の発達

- 言葉の遅れがなく、むしろ早いことも多い
- 難解な言葉や言い回し、表現を好んで使う
- 文脈や間接的な表現を読み取ることが苦手で、相手の発言を文字通り受け取る
- プロソディ表出（※1）の障害はないか、軽い
- ユーモアやお世辞、皮肉や比喩の理解が難しい
- 言葉を表面的に受け取りやすく、言外の意味を理解しにくい
- 代名詞の理解が困難なことがある

※1 プロソディ＝イントネーションやリズムのこと

❸ 融通がきかない行動

- 決められた手順やルールに強くこだわり、パターン化することが多い
- 初対面の人や新しい状況、想定外の事態への臨機応変な対応が苦手
- 想定外の事態に直面すると、不安にかられてパニックを起こすことがある
- 自分が決めたルーティンを他人も守ることを要求しやすい
- 物事の一部分にこだわり、全体を見渡すことが苦手
- 自分の興味があることだけに没頭していたい

❹ その他

- ＡＤＨＤが併存している場合がある
- 手先が不器用なことが多い
- 被害者的な言動が多い
- 文字が乱雑な場合がある

ＡＤＨＤの子どもの基本的な特性とは

ＡＤＨＤ（注意欠如・多動性障害）には、「不注意」「多動性」「衝動性」という三つの基本的な特性があります。また、他の発達障害が併存している場合もあります。

ＡＤＨＤの基本的な特性

ＡＤＨＤには、「不注意」「多動性（落ち着きがない）」「衝動性（よく考えずに行動する）」という三つの特性があります。アメリカ精神医学会による診断基準（ＤＳＭ）では、「知能発達に大きな遅れはなく、環境によるものが原因ではないにもかかわらず、多動・衝動性があり、注意が集中できない状態」と定義されています。

また、ＡＤＨＤに三つの特性のほかにも、ＡＳＤやＬＤの特性を併せ持っている場合が少なくありません。たとえば、ＬＤが併存する子どもはおよそ6割、不安障害や気分障害も併存する子どもは2〜7割とされています。

以前はさまざまな診断名がつけられていた

ＡＤＨＤの特性は、小学校入学前にあらわれてくることが多いようです。ただ、小学校高学年になってから気づくケースもあります。一方、多動があまり目立たず、注意や集中ができないことをおもに訴える「注意欠如障害（ＡＤＤ）」の子どもは、問題行動がそれほど目立ちません。そのため青年期まで、もしくは青年期以降もきちんとした診断がされないこともあります。

ＡＤＨＤという診断名が用いられるまでには、さまざまな変遷がありました。１９４０年ごろは、軽い脳炎後や頭部外傷を受けた子どもたちが、あとになって極端によく動き、過度に不注意で、衝動的になることがあったことから、脳に何らかの小さな損傷ができたために起こる症状と考えられ、「微細脳損傷症候群」と呼ばれていました。また、一過性の脳の機能不全だとして「微細脳機能不全」と呼ばれたり、症状そのものをあらわす診断名として「小児期多動反応」や「過活動児童症候群」といわれることもありました。

しかし、その後「DSM」が診断基準に使われるようになり、「多動が中心の症状ではなく、注意を集中あるいは持続することが困難（不注意）なために、多動・衝動的になる」と考えられるようになって、ADHDが診断名として用いられるようになりました。

ADHDの基本的な三つの特性

❶ 不注意

- 集中力が乏しい
- 物をよくなくす
- 細かいことに気がつかない
- 忘れ物が多い
- 特定のことに注意を留めておくことが困難で、課題に取り組んでもすぐに飽きてしまう

❷ 多動性

- じっとしていられない
- 授業中も席を立ってウロウロ歩き回る
- 静かに遊んだり、読書をしたりすることが苦手
- 手や足をいつもいじっている
- 授業中でも物音をたてたりする

❸ 衝動性

- 順番を待てない
- 列に割り込む
- 先生から当てられる前に答えてしまう
- 他の児童に干渉する

LDの子どもの基本的な特性とは

「読む」「聞く」「話す」「書く」「計算する」「推論する」など、脳の認知機能のいずれかに不具合が生じた状態をいいます。しかし、医学的な意味の障害ではありません。

六つの学習能力の一つ以上に困難がある

LDは、日本では「学習障害」と呼ばれています。その基本的な特性は、知能全般は正常であっても、「読む」「聞く」「話す」「書く」「計算する」「推論する」という六つの能力のうち、一つ以上の習得や使用に障害があることです。

その特性は同じようにあらわれるのではなく、人それぞれに違います。また、ほかの発達障害が併存している場合も少なくありません。

●「計算する」ことの障害

- 数字の位どりが理解できない
- 繰り上がり、繰り下がりが理解できない
  - ＊数字は1～9となり、繰り上がりで10と0から始まるという概念が理解できない
- 九九を暗記しても計算に使えない
- 暗算ができない

●「推論する」ことの障害

- 算数の応用問題・証明問題・図形問題が苦手
- 因果関係の理解・説明が苦手
- 長文読解が苦手
- 直接示されていないことを推測することが苦手

ＬＤのおもな特性

「聞く」ことの障害

- 会話が理解できない
- 文章の聞き取りができない
- 書き取りが苦手
- 単語や言葉の聞き誤りが多い
- 長い話を理解するのが苦手
- 長い話に集中できない
- 言葉の復唱ができない

「話す」ことの障害

- 筋道を立てて話すことが苦手
- 文章として話すことが苦手
- 会話に余分なことが入ってしまう
- 同じ内容を違う言い回しで話せない
- 話が回りくどく、結論までいかない

「読む」ことの障害

- 文字を発音できない
- 間違った発音をする
- 促音（小さな「つ」）や拗音（小さな「や」「ゆ」「よ」）を発音できない
- 単語を読み誤る（たとえば「つくえ」を「つえく」と読んでしまうなど
- 文字や単語を抜かして読む
- 読むのが遅い
- 文章の音読はできるが、意味が理解できない

「書く」ことの障害

- 文字が書けない
- 誤った文字を書く
- 漢字の部首（へんやつくり）を間違う
- 単語が書けない、誤った文字が交じる
- 単純な文章しか書けない
- 文法的な誤りが多い（「てにをは」の誤りなど）

発達障害の特性のあらわれ方は十人十色

発達障害の種類ごとの特性について見てきましたが、特性のあらわれ方は人によってそれぞれ異なり、生じる困難も変わってきます。

日常生活に支障がなければ発達障害と診断されない場合も

ＡＳＤ、ＡＤＨＤ、ＬＤそれぞれの特性について見てきました。これらの特性は単独で見られることもあれば、複数が併存している場合もあります。

たとえば、ＡＳＤの「こだわりの強さ」とＡＤＨＤの「不注意」が併存していて、スケジュールをきっちりと立てる割には、約束の時間をうっかり忘れてしまう子ども、あるいは、ＡＳＤの「人への無関心」とＡＤＨＤの「多動性」が併存して、人の都合を考えずに自分の言いたいことだけを機関銃のようにしゃべる子ども、といった形です。

また、特性のあらわれ方には強弱があり、はっきりと行動にあらわれているケースもあれば、中には「言われなければ目立たない」程度の子どももいます。

このように発達の特性は人それぞれですが、発達の特性によって社会や人間関係などに何らかの支障が出ている場合、医学的に発達障害と診断されます。言い換えれば、特性があっても家庭生活や学校生活に特別支障が出ていないようなら、発達障害と診断されない場合もあります。

そういう意味では、発達障害は必ずしも〝困りごと〟を引き起こすわけではありません。子どもに特性があっても、子どもを取り巻く環境や人間関係に何らかの工夫や調整をすることによって、問題を軽減したり、困りごとを回避することは可能です。

障害というより「個性」や「発達スタイル」が違うだけ

発達障害の子どもは、定型発達（発達障害のない状態）の子どもには見られない特性があることは事実です。しかし、それは必ずしも「障害」と呼ぶようなものではなく、その子の特有の「個性」や「発達スタイル」ということができます。それは「○○○ができない」というより、「他の子どもたちとは違うやり方をする」「違う考え方をする」ということです。

たとえば、ASDの子どもが「人にあまり関心を持たない」のは、人がきらいだからというより、一人でいることが好きだからかもしれません。ADHDの子どもが「落ち着きがない」のは、つねに新しいことを求める好奇心旺盛さから来ているのかもしれません。つまり、多くの子どもたちとは志向が異なるだけといえるのではないでしょうか。

したがって、発達障害の特性はすべてが短所となるわけではなく、関わり方次第では長所となる可能性を秘めています。

特性はとらえ方次第で長所にもなる

【ASDの場合】

人との関わりが苦手
↓
人の意見に左右されない

こだわりが強い
↓
まじめ・几帳面・努力家

コミュニケーションがうまくとれない
↓
視覚的・聴覚的にずば抜けた能力を持っている場合がある

【ADHDの場合】

不注意
↓
新しいものに目ざとい

多動性
↓
行動力がある・エネルギッシュ

衝動性
↓
積極的・頭の回転が速い

発達障害の子どもの学校生活

発達障害の子どもは、特性のために個性的な子が多いものです。平均的な子どもに合わせて構築されている学校においては、何かと困りごとに直面しがちです。

人とうまく関われず孤立しやすい

前述のように、発達の特性はその子の個性であり、必ずしも困りごとに直結するものではありません。しかし、こと学校生活においては何かと困難に直面しがちです。

その理由として、学校は基本的に集団で生活する場所だからです。定型発達の子どもでも、それぞれ性格があり、人付き合いが得意な子もいれば苦手な子もいます。人に何かを伝えることが上手な子もいれば、いわゆる口下手な子どももいます。しかし、そんな中でもそれなりに周囲と協調し、馬の合う者同士で交流し、関係を深めていきます。

一方、発達障害の子どもは、集団という状況にうまく合わせることが得意ではありません。そもそも人と関わること自体に関心を示さない子もいますし、周囲の状況も考慮せず、思いのままに行動したり、思ったことを口にしたりして、周囲から誤解されてしまう場合もあります。本人に悪気はありませんが、周囲から良い印象を持ってもらいにくいのです。そのため、孤立してしまうケースが少なくありません。

学校は何かとルールが多過ぎる

また、多くの子どもが集まるがゆ

えに、さまざまな規則が設けられています。それ自体がいいかどうかは別として、特性のある子どもは決められたルールに沿って行動することが苦手です。

たとえば、ＡＳＤの子どもはこだわりの強さから〝マイルール〟があり、それに沿って行動している場合が多いものです。そのマイルールが、学校の規則と必ずしも合っているとは限りません。そのため、規則に不満があるわけではないのに規則を破ってしまうことがあります。

ＡＤＨＤの子どもの場合は、不注意や衝動性の特性から〝つい〟〝うっかり〟規則が守れないという状況が考えられます。もちろん、本人に悪気はないのですが、結果的に守れないのです。

学校という枠の中で、そうしたことが日常的に起こってくるため、「なぜ規則がちゃんと守れないのか」という周囲の空気に、本人もやりづらさや居心地の悪さを感じてしまいがちです。

学校は〝平均〟を求めてくる場合が多い

規則も含め、学校では子どもがやるべきことがたくさんあります。決まった時間に登校し、先生や友だちにあいさつをし、提出物があれば提出し、授業が始まれば着席して先生の話を静かに聞き、ノートをとり、指名されれば発言します。机やロッカーは整理整とんし、給食はできるだけ残さず食べなければなりません。宿題が出れば、忘れずに取り組むことが求められます。

そして学校の勉強では、どの科目もできるだけまんべんなく平均点以上が取れることを良しとするところがあります。ある科目はほぼ満点を取るのに、ある科目は0点に近いといった凸凹は、あまり歓迎されません。

特性のためにできることとできないこと、得意と苦手がはっきりしている発達障害の子どもにとって、そうした環境はできることや得意なことを十分に発揮できず、逆にできないことや苦手なことができるようになることを求められるため、ストレスをためやすいといえるでしょう。

次の章から、特性のある子どもたちが学校で経験するさまざまな困りごとについて見ていきます。それにどう向き合い対処していくか、その経験が子どもの基礎として一つひとつ積み上がっていきます。

発達障害の診断基準「DSM－5」

「DSM」は、アメリカ精神医学会が作成する、精神疾患や精神障害を診断するための基準をまとめたマニュアルです。もとはアメリカの精神科医の使用を想定してつくられたものですが、現在では、国際的な診断マニュアルとして広く使用されています。

初版の「DSM－I」は1952年に出版されて以降、数回にわたって改訂版が出され、現在使用されているのは、2013年に公開された「DSM－5」（第5版）です。

「DSM－5」では、精神障害を大きく22のカテゴリーに分類しています。たとえば、「神経発達症群／神経発達障害群」という大分類の中には、

- 知的能力障害群（知的障害）
- コミュニケーション障害群
- 自閉症スペクトラム障害（ASD）
- 注意欠如・多動性障害（ADHD）
- 限局性学習症／限局性学習障害（LD、ディスレクシアなど）
- 運動症群／運動障害群

などが含まれています。

19年間使用されてきた「DSM－IV」（第4版）が「DSM－5」に改訂されるに当たって大きく変化したところは、「自閉症スペクトラム障害（ASD）」という概念が導入されたことです。ASDは「DSM－IV」では、自閉性障害、アスペルガー障害、広汎性発達障害などいくつかの障害に分けてとらえられていましたが、「DSM－5」では、これらの障害は別々のものではなく、連続した障害であるという見方を採用したのです。

「スペクトラム（連続体）」という概念は、「DSM－5」では特に重要視されています。たとえば、この特性は診断項目に「当てはまるか・当てはまらないか」で判断するのではなく、「どの程度当てはまるか」を判断することに重点を置いています。

第2章

ＡＳＤの子どもの学校での困りごと

発達障害の子どもは、特性のためにときとして個性的な言動や行動をとることがあります。一方、学校は得てして平均的な子どもを基準につくられており、規律を守るためにさまざまなルールが設けられています。そうした環境になじむことの難しいＡＳＤの子どもは、学校生活を送る上で困りごとが多くなってしまいがちです。

SCENE 1

集団行動がとれない

ＡＳＤの子どもは、人に対して関心が薄い傾向にあります。そのためクラスやグループで行動したり、周囲に合わせたりすることが上手ではありません。

社会性の未熟さが根底にある

学校生活の中では、クラス単位で集団行動をとるシーンがたくさんあります。また、思春期を迎えるころになると、男女ともに気の合う友だちとグループをつくり、一緒に行動する機会も増えていきます。

ところが、ＡＳＤの子どもはそもそも人に対して関心が薄く、人と関わるのが苦手なので、誰かと一緒に行動したいと思っていません。そのため、集団行動がうまくとれないことがあります。

また、集団行動をしたり、グループで協力して何かを行うときには、そこに何らかのルールが必要になる場合が多いものです。また、友だち同士の小さなグループの中にも、独特のルールが存在します。

しかし、特性のためにルールをうまく理解することができず、ルールを守れなかったり、自分勝手な行動をとったりしてトラブルになってしまうことがあります。

これらはＡＳＤの社会性の未熟さが関係しており、本人にそのつもりはなくても、周囲から悪意と取られて、仲間外れにされたり、いじめの対象になってしまう場合があります。

ＡＳＤのそうした特性を理解し、

集団生活の中においては適切な支援が必要です。

【ＡＳＤの子どもの社会性】

- ◆社会常識やルールがなかなか身につかない
- ◆グループ意識や帰属意識がなかなか身につかない
- ◆人の気持ちを読み取ることが難しい
- ◆友だちと豊かな関係性を築きにくい
- ◆孤立してしまいがち
- ◆一人でいることを好む

支援のポイント

POINT：1

集団行動をしたいと思っていないことを理解する

基本的に一人で過ごすことを好み、集団行動をとりたいと思っていない場合が多いものです。集団行動を強要すると、それがストレスになるおそれがあります。

POINT：2

一人でもいいととらえる

子どもは集団に入っていけないことを、さびしいとは思っていません。「一人で行動するも良し」ととらえることも大切です。

POINT：3

本人がつらい思いをしないようサポートを

集団になじめないことで仲間外れにされたり、いじめの対象になってしまうことのないように、子どもの様子にはつねに注意を払い、サポートしましょう。

POINT：4

社会性の未熟さも子どもの“個性”

社会性の未熟さも一つの個性です。適切にサポートすることで、それが長所になる場合もあります。

- 決まった枠組みに関係なく自由な発想ができる
- 一人でも好きなことをやりとげる
- 周囲に惑わされない
- 行動力がある
- 天真らんまんに生きられる

SCENE 2

融通がきかない

ASDの「こだわりが強い」という特性は、融通がきかないという形であらわれることが少なくありません。それが学校生活の中でトラブルにつながる場合があります。

自分の考えを正しいと思い込んでしまう

ＡＳＤ、特にＡＳ（アスペルガー症候群）の子どもは、こだわりの強さゆえに融通がきかず、その場に応じた判断や行動ができないことがあります。

たとえば、自分がこうと決めた時間通りに物事が進まないと気がすまないタイプの子どもは、先生の都合で授業の開始が少し遅れると、それだけでイライラしてしまいます。「ごはんは白いもの」と思っている子どもは、給食のごはんにふりかけがかかっているだけで、ひと口も食べずに残してしまったりします。臨機応変に考えたり、対応することが苦手なのです。

その融通のなさが他人に向かう場合もあります。たとえば、休み時間は「本を読む」と決めている子どもの場合、となりの席でクラスメートが絵を描いていたら、「今は本を読む時間だよ」などと強要することがあります。また、友だちとゲームで遊ぶとき、家でやるのと同じように、必ず一番手でやらないと気がすまないということもあります。

自分の考えや行動は正しいと思い込んでいるため、それを変えようとは思っていません。そのため自分の考えと違うことをする人は間違っていると感じ、しばしばトラブルを引き起こす場合があります。

支援のポイント

POINT：1

“融通がきかない”特性を理解する

AS（アスペルガー症候群）の子どもは、自分だけの決まりやルールがあり、それに沿って行動していることを理解しましょう。

POINT：2

こだわりの対象にも意味がある

子どもの強いこだわりが、はた目から見て意味があるように思えなくても、好きで取り組んでいるようなら認めてあげましょう。むやみに否定しないことが大切です。

POINT：3

“まじめ”ととらえてみる

「融通がきかない」ことをマイナスにとらえず、「まじめ」「几帳面」とプラスにとらえて認めてあげましょう。

POINT：4

継続や努力を評価してあげよう

こだわりの強さゆえに、子どもが毎日もくもくと継続していることがあれば、それを評価してあげましょう。

SCENE 3

得意と苦手がはっきりしている

得意と苦手がはっきりしているため、苦手な科目に興味が持てず、授業についていけなくなったり、成績が落ちてきたりする場合があります。

興味のわかない科目は苦手になりやすい

ＡＳＤの子どもは、学年が上がるにつれて授業についていけなくなる場合があります。その理由に、得意と苦手、できることとできないことがはっきりしてくることがあげられます。得意な科目には意欲を持って取り組めても、苦手なことには興味がわかず集中できないのです。その結果、科目によって成績の差が極端な場合も少なくありません。

たとえば、ＡＳＤの子どもは記憶することが得意なことが多く、いわゆる暗記科目などではいい成績を取ったりします。その一方、国語の文章問題や算数の証明問題など、読解力や想像力を働かせる科目は苦手な傾向があります。そのため、学年が上がって学習内容が難しくなってくると、成績も振るわなくなりがちです。

また、運動が苦手なケースも見受けられます。走って跳ぶなど、一度に複数の動作をしたり、複雑な動きに対応することが苦手です。また、ルールの多い球技など、スポーツ全般が不得手だったりします。

子ども自身、授業についていけないことや、成績が下がっていることはわかるので、「どうしてできないんだろう？」と悩み、劣等感を持ってしまう可能性もあります。

支援のポイント

POINT：1 得意と苦手の差が大きいことを理解する

特性のために、得意なことと苦手なこととの差が大きいことを理解しましょう。何が得意で何が苦手なのかを早めに把握しておくことが大切です。

POINT：2 子どもに劣等感を感じさせない工夫を

苦手な科目や成績が下がったことを叱るのはNGです。どういう勉強の仕方が理解しやすいのか、親子で一緒に考えてみましょう。

POINT：3 先生と連携しよう

担任の先生と連携して授業の進め方を工夫してもらいましょう。説明の仕方やボードへの書き方、絵やカードなど小道具の活用などで、理解しやすくなります。

POINT：4 得意分野に着目して自信を持たせよう

得意な科目にはいい点数を取るなど、能力を発揮します。そこにまず目を向けて、自己肯定感を高め、意欲と自信を持たせてあげましょう。

SCENE 4

急な変更や環境変化に対応できない

ＡＳＤの子どもは、予定が突然変更になったり、予想外のことが起きると、それに柔軟に対応することができず、混乱してしまいます。

予想外のことが起きると強い不安に襲われる

前述の「融通がきかない」のページでも述べましたが、ＡＳＤの子どもは、あらかじめ決まっていた予定や、自分の決めたルールにしたがって行動しているときが最も安定しています。そのため、予定やルールが変わる状況が起こると、臨機応変に対応することができません。

たとえば、いつも使っている通学路が、工事中で通行止めになっていたとすると、それだけで学校に行けなくなってしまうことがあります。別の道順で行くという発想が浮かばないのです。また、担任の先生が急病で別の先生が教えることになったという場合も、その環境変化に順応できず、授業中ずっとソワソワして勉強に身が入らなくなってしまうといったことが起こります。

これは、予想外のことが起きたり急な変更があったときに、それに柔軟に対応することができず、非常に強い不安に襲われていることを意味します。自分の感情を上手にコントロールすることができないために、突然大声を出したり、その場から出て行くという行動となってあらわれる場合があります。

支援のポイント

POINT：1

急な変更に対応できない特性を理解する

　急な予定の変更やいつもとは違う環境を受け入れ、柔軟に対応することが難しいという特性をまずは理解しましょう。

POINT：2

予定が変わることを事前に知らせる

　時間割の変更、授業を行う教室の変更、雨天による行事の中止など、予定の変更がわかった時点で、早めに子どもに伝えておくようにしましょう。

POINT：3

予定の変更に対応できたときはほめよう

　急な予定の変更があったとき、子どもがパニックを起こすことなく対応できたときは、ほめてあげましょう。それによって、子ども自身がどうしたらうまく対応できるのかを学んでいきます。

SCENE 5

突然パニックを起こす

ＡＳＤの子どもは、何かをきっかけに自分の感情をコントロールすることができず、突然パニックを起こすことがあります。

不安や緊張がパニックの引き金に

パニックは、ＡＳＤの子どもによく見られる問題行動の一つです。幼児期からよく見られるようになり、急に奇声を上げる、泣き叫ぶ、自分や他人にかみつく、物を投げつけるなどさまざまな行動となってあらわれます。

その裏にはいくつかの要因があります。たとえば、何か不快な刺激を受けたときです。突然大きな音が聞こえた、いやなにおいがしたなど不快な刺激を受けると、不安や緊張を覚えて混乱してしまうのです。

また、前述のように、急に予定が変更になったり、自分の思い通りにならないようなときにも、感情をコントロールすることができずにパニックを起こしやすくなります。

これらは子どもが成長してさまざまな経験を積んでいくことで、徐々に減っていく場合が多いですが、やはり個人差があります。学校生活の中にはさまざまな刺激、予期せぬ出来事が起こり得るので、何が子どもを不安にさせるかわかりません。そのため、授業中に急に大声を出したり、教室を出て行ったまま戻って来なかったりと、トラブルを引き起こす場合があります。

【パニックを起こしやすい状況】

◆初めての場所に行く
◆新しい先生が来る
◆急に予定が変更になる
◆天気が急変する
◆子どもにとって
　強く不快な刺激を受ける
◆人に触られる

支援のポイント

POINT：1

落ち着くまで見守る

パニックを起こしたときは、どんな説明も子どもの耳に届きません。できればその場から離れて静かな場所に移動し、落ち着くまで見守ってあげましょう。

POINT：2

どんなときにパニックを起こすか観察する

子どもがどんなとき、何をきっかけにパニックを起こしやすいかを、日ごろから観察して把握しておきましょう。理由がわかれば、それを回避しやすくなります。

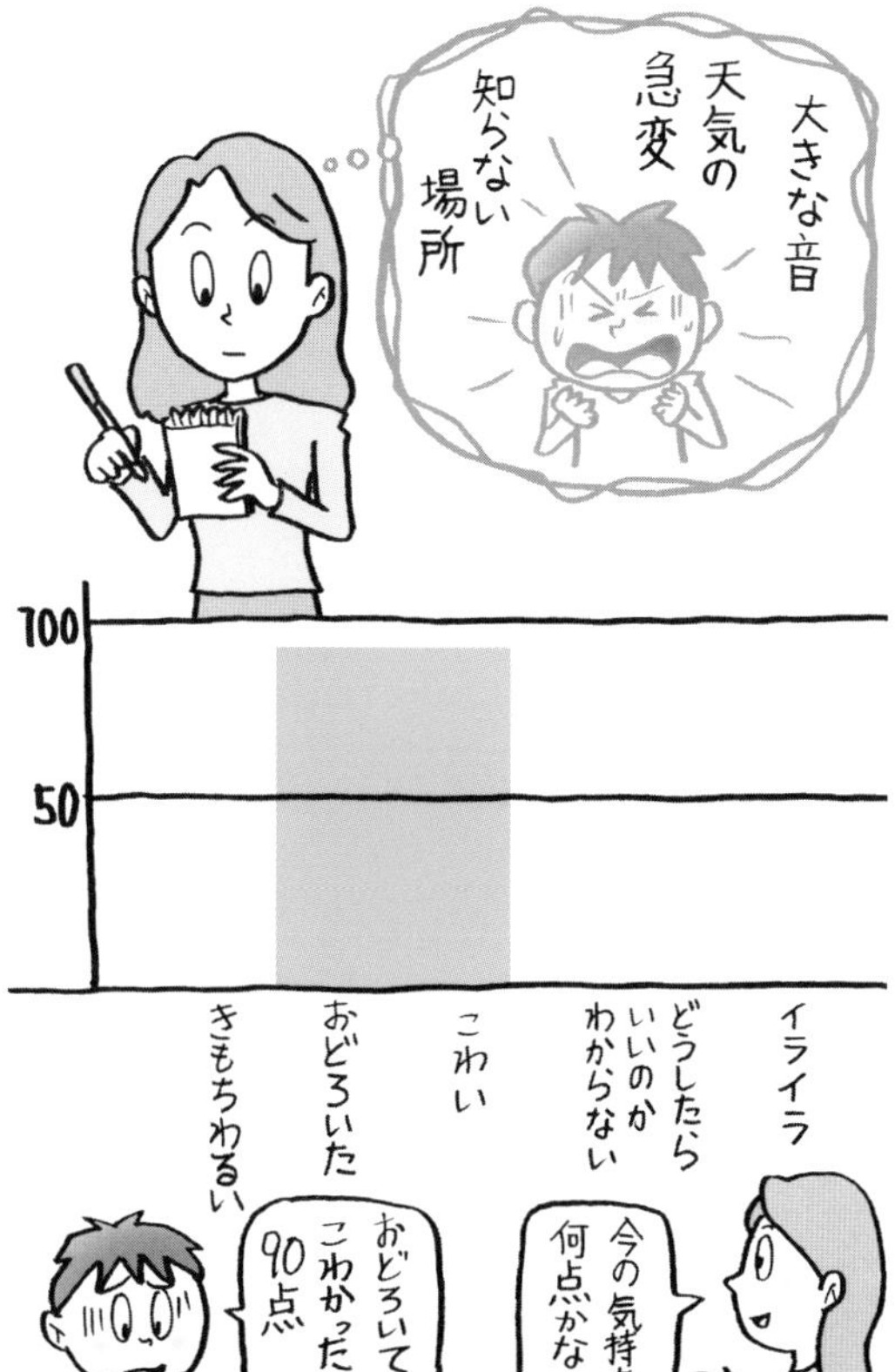

POINT：3

感情を「見える化」してみる

ASDの子どもは、目に見えること（視覚情報）は理解しやすいという特徴があります。不安や怒りなど自分の感情に点数をつけ、それをグラフや表にして「見える化」すると、コントロールしやすくなることがあります。

SCENE 6

友だち付き合いがうまくできない

ＡＳＤの特性のある子どもは、会話をしていても話がかみ合わなかったり、その場の空気が読めずに周囲から誤解されたりすることがあります。

特性のために会話のキャッチボールが苦手

ＡＳＤの子どもは、言葉から相手の意図を推察する力が弱いために、会話の内容をきちんと理解できないことがあります。また、相手の話をよく聞かず、自分の言いたいことだけを一方的に話してしまうこともあります。話し相手の表情を読んだり、冗談や皮肉、比喩などを理解することができません。

そのため友だちと行き違いやトラブルが発生するなどして、仲間外れやいじめにあってしまう可能性もあります。

特に女の子の場合、思春期を迎えるころになると、友だちとの間でいわゆる「ガールズトーク」を展開するようになります。ガールズトークとは、女の子同士の間で交わされる会話のことで、恋愛や異性、ファッションや好きな芸能人、人のうわさ話や陰口など、グループ内だけに通じるものです。話題が次々と移り変わっていくことも特徴です。こうした〝ここだけの話〟をすることで、グループ内の結束を強めているのです。

ところが、ＡＳＤの女の子はガールズトークについていけません。そのため、場違いなことを言ってその場の空気を壊してしまい、「話の通じない子」「つまらない子」などと思われ、孤立してしまうことがあります。

支援のポイント

POINT：1

本人が気にしていないようなら良しとする

友だち付き合いがうまくいかなくても、本人があまり気にしていないようなら、良しとしましょう。無理に友だちをつくろうとしないことも考え方の一つです。

POINT：2

「友だち付き合いが苦手」＝「一人で行動できる」

友だち付き合いがうまくできないことを、一人で行動できることだととらえてみましょう。考えようによっては、「自立している」状態に近いともいえます。

POINT：3

先生にサポートをお願いしてみる

友だちをつくろうとしてもうまくいかないという場合は、先生に事情を説明し、子どもの理解者となって寄り添ってもらえれば、子どもも安心できます。

POINT：4　子どもの特性を理解してもらう

保護者会などの場を利用して、他の保護者に子どもの特性を伝えるようにするのも方法です。保護者を通じてクラスメートが「この子はこういう子なんだ」と理解できるようになれば、子どもの居心地も良くなる可能性があります。

SCENE 7

感覚の過敏がある

ＡＳＤには、感覚器官の働きが通常とは異なり、音や光などに過敏だったり、逆に鈍感だったりするなど、感じ方がアンバランスな場合があります。

五感の感じ方が通常とは異なる

ＡＳＤの子どもは、五感を通じた感じ方がアンバランスであることが少なくありません。とても鋭い部分があったり、逆に鈍い部分があったりします。

たとえば、聴覚ではリコーダーの音、徒競走のピストルの破裂音、救急車のサイレンなど、高い音や大きな音などが総じて苦手です。一方では、黒板やガラスを爪で引っかく音には無反応という子どももいます。

視覚も独特で、強い日差しが苦手かと思えば、木漏れ日や電飾のようなチラチラした光、理髪店の看板のようにクルクル回るものをいつまでも飽きずに見ていることがあります。

触覚が過敏な子どもは、少しでも体に触れられるとビクッとして体をすぼめたり、洋服の後ろのタグがチクチクして着られないといった例があります。半面、ケガをしたり、虫歯で歯を削るときなど、一般的には痛みを感じるような場面でケロッとしていることもあります。

味覚も敏感な部分や偏りがあり、同じものだけを何週間も食べ続けたり、偏食になる子どもも非常に多く見られます。

こうした一連の反応は、ＡＳＤの「感覚の過敏性」という特性が原因で、本人の努力ではどうにもならない場合が多いものです。

【感覚の過敏性からくる行動の例】

- ◆高い音、大きな音、騒音が苦手
- ◆黒板やガラスを爪でひっかく音には無反応
- ◆木漏れ日や電飾など
チラチラした光を飽きずに眺める
- ◆頭をなでられたり、背中をポンと
叩かれるような肌の接触をいやがる
- ◆切り傷やすり傷などの痛みにも
ケロッとしている
- ◆極端に偏食だったり、何週間も
同じものしか口にしないことがある
- ◆人のにおいや身の回りのものなど、
何でもにおいを嗅ぐ
- ◆ところかまわずなめる
- ◆暑さや寒さに鈍感

支援のポイント

POINT：1 好きでやっていることは見守ろう

木漏れ日、点滅する電飾、クルクル回る理髪店の看板など、本人が興味を持っていつまでも眺めているなら、無理に禁止せずやらせてあげましょう。

POINT：2 五感に不快な刺激をやわらげる工夫を

本人が不快に感じる刺激を知って、それらを排除したり、やわらげたりするなどの工夫をしてあげましょう。

POINT：3 偏食は大目に見て

偏食の原因は、単なる好ききらいやわがままではない場合があるので、無理やり食べさせようとするのはやめましょう。

POINT：4 芸術的な才能を発揮する子どもも

人とは異なる感じ方をすることが、芸術的な感性に反映され、才能を発揮することがあります。「変な子」ととらえず、好きなことをやらせてあげましょう。

Doctor's File 2

学習支援のために環境整備を

学年が上がるにつれて学習レベルが高度になり、家庭での予習や復習が大切になってきます。ところが、自宅にはテレビやゲーム、コミック類など、刺激的な物がたくさんあり、なかなか勉強に集中できない場合があります。

ＡＳＤの子どもは、特性のために音や光など必要のないものが目や耳から入ってきてしまいがちです。ＡＤＨＤの子どもは、窓の外が見えたり、ゲーム機などが近くにあると、衝動が抑えられない場合があります。そうした特性のある子どもが落ち着いて勉強できる環境を整えるには、過剰な刺激を与えないことがポイントとなります。

たとえば、子ども部屋の机まわりをパネルや本棚で仕切ってみましょう。机は壁に向かって置き、極力窓の外が見えないように工夫します。これにより、机のある場所＝「勉強に専念する場所」と認識するようになります。机には勉強に必要なものだけを置くようにし、スマホやゲーム機、コミック類、スポーツ用品など、気が散る要因となるものは他の部屋に移すか、見えない場所に隠します。

また、何か明確な目標があると勉強に取り組みやすくなります。試験などの日程が決まったら、子どもと一緒に試験勉強のスケジュール表を作成し、机のそばに貼りましょう。その際、苦手な科目は無理をしなくてもいいことなどを話し合っておくと、子どもも安心します。

家族は、子どもが自分に合った勉強法を見つけられるように、環境面からもサポートすることが重要です。

第3章

ADHDの子どもの学校での困りごと

ＡＤＨＤの子どもは、「不注意」「多動性」「衝動性」という特性のために、小さな失敗やルール違反を繰り返してしまいがちです。本人に悪気はなくても、多くの子どもが集まる学校という環境の中では、その行動がときに奇異に映り、思わぬ誤解を受けてしまうことが少なくありません。

SCENE 1

授業中に座っていられない

ADHDの特性の一つに「多動」があります。そのためじっとしていることが苦手で、授業中であっても席から離れてしまう場合があります。

授業に集中することが難しい

ADHDの、特に男の子によく見られるのは、じっとしていられない、落ち着きがないなど多動の特性からくる行動です。授業中のように静かに席に着く場面でも、手足を動かして音を出したり、隣の子どもにちょっかいを出したり、何か気になることがあると席を立ってウロウロ歩き回ったり、教室を出て行ってしまうこともあります。

小学校低学年のうちは、誰でも程度の差はあれ落ち着きがないものですが、学年が上がるにつれて授業に集中できるようになります。しかし、ADHDの子どもの場合、なかなか改善しないことがあり、まわりの子どもの集中を妨げることになるため、トラブルに発展しやすくなります。

よく見られる行動例

1. 授業中に席を離れる
2. 窓の外ばかり見ていて授業に集中していない
3. 隣の子に話しかけたり、ちょっかいを出したりする
4. 手足を動かしたり、物音を立てたりする

支援のポイント

POINT：1

多動の特性を理解する

多動は子どものころによく見られるADHDの特性です。じっとしていたり、同じことに集中を続ける状況が苦手なことを理解しましょう。

POINT：2

落ち着きのなさは誰にもある

低学年のころは、誰にもある程度落ち着きのなさはあるものです。授業中はできるだけ先生の方を見るように指導し、それ以外の場所では大目に見るなど、優先順位をつけてみましょう。

POINT：3

好奇心旺盛ととらえてみる

落ち着きがないのは、好奇心が旺盛で、興味のあることに対して行動力があるととらえて、その個性を伸ばせるような環境を整えてみましょう。

SCENE 2

規則やルールが守れない

ADHDの子どもは、不注意という特性のために、〝頭ではわかっていても〟〝ついうっかり〟規則やルールに沿った行動ができない場合があります。

「ルールを守る」ことに集中できない

「規則やルールを守る」ためには、規則やルールの一つひとつがつねに頭の片隅にあって、その都度「これはやってはいけない」「こんなときはこうすればいいんだ」と判断して行動に移す、あるいは制止するという一連の過程があります。

その点、ＡＤＨＤの子どもは不注意という特性のために、物事に意識を集中することが苦手なので、物事を深く考えないまま行動に移してしまい、結果的にルール違反を起こしてしまうことがよくあります。

また、同じルール違反を何度も繰り返してしまうところがあり、周囲からあきれられたり、誤解されたり、先生から何度も叱られてしまうことになりがちです。

よく見られる行動例

1 つい廊下や階段を走る
2 列からすぐにはみ出す
3 決められた掃除当番をさぼる
4 「やってはいけない」といわれていることをついやってしまう

支援のポイント

POINT：1 悪気があるわけではないことを理解する

悪気や個人的理由があってやっているわけではなく、単にやらなければならないこと、守らなければいけないことを忘れている場合が多いものです。

POINT：2 何度も同じことを繰り返すことを理解する

特性のために、規則やルール自体は理解していても、ついうっかり破ってしまいます。「何回言えばわかるの!?」とあきれずに、根気よく指示してあげましょう。

POINT：3 ルール違反はその場で注意する

時間がたってしまうと、ルール違反をしたこと自体を忘れてしまう場合があります。やってはいけないことをやったときは、その場ですぐに注意しましょう。

SCENE 3

配布物を出し忘れる

学校からの配布物を出し忘れたり、学校に置いてきてしまうというのも、ＡＤＨＤの子どもによく見られる問題行動です。

不注意の特性から忘れ物が多い

ＡＤＨＤの子どもの学校での困りごととしてよく聞くのは、学校からの配布物を出し忘れたり、なくしたりすることです。親が子どもに「今日、学校から何か配布物はあった？」と聞いても、「ないよ」と答えるので、ないものとばかり思っていたら、実は大切なプリントが配られていたということがよくあります。

配布物は学校の机の中に置きっぱなしにしていて、本人は配られたことをすっかり忘れているため、うそをついているわけではありません。しかし、結果的に配布物に書いてあったお知らせを把握することができず、行き違いが発生しがちです。

よく見られる行動例

1. 配布物をもらったこと自体を忘れてしまう
2. ボーッとしていて先生の大切な話を聞きそびれる
3. 宿題が出されたことを覚えていない（なのでやっていかない）
4. 全般的に忘れ物が多い

支援のポイント

POINT：1

配布物は「ランドセルに入れる」を決まりにする

配布物はすべて、ランドセルに入れることをルール化しましょう。少なくとも学校に忘れてくることを防止することができます。

POINT：2

先生の話は連絡帳に書き留める決まりにする

先生が口頭で伝えた連絡事項は、連絡帳やノート、メモなどに書き留めるクセをつけるように指導しましょう。

POINT：3

先生にも協力してもらう

「プリントはランドセルにしまってね」と子どもにひと声かけてもらえるように、先生に頼んでみましょう。その場ですぐにやれば、忘れにくくなります。

POINT：4

持ち帰って来たときはほめる

配布物を忘れずに持ち帰って、親に渡すことができたら、ほめてあげましょう。

SCENE 4

時間にルーズ

ADHDの子どもは、時間が守れなかったり、予定通りに行動がとれないなど、時間にルーズな面が目につくことがあります。

時間の感覚につまずきがある

ADHDの子どもは、全般的に時間の概念が弱く、時間感覚につまずきが見られる場合が多いものです。たとえば、休み時間に遊びに夢中になり、授業が始まる時間になっても戻って来なかったり、習い事は四時から始まるのに四時に家を出てみたり……。また、予定を立てることが苦手なので、一日にいくつもやることを詰め込んでしまい、計画倒れになったり、どれも中途半端になってしまうこともあります。

本人はそれを意に介していないところがありますが、結果的に遅刻を繰り返したり、時間が守れない子というレッテルを貼られてしまうおそれがあります。

よく見られる行動例

1 約束の時間が守れない
2 時間が迫っているのに間に合わせる行動がとれない
3 予定をあれもこれも詰め込み過ぎる
4 取りかかりが遅く、締め切りに間に合わない

支援のポイント

POINT：1

生活のリズムを整える

時間の概念を身につけるためにも、宿題、習い事、夕食、入浴、就寝などの時間を決めて、できるだけ同じようなリズムで生活が送れるように配慮しましょう。

POINT：2

スケジュールを立てる

やることがひと目でわかるように、スケジュール表をつくり、それに合わせて行動できるようにサポートしてあげましょう。

POINT：3

早めに準備をする習慣をつける

たとえば、四時に約束があるなら、早くから出かける準備をして、約束の時間より早めに到着できるように家を出るよう、サポートしましょう。

SCENE 5

整理整とんや片づけが苦手

ＡＤＨＤの子どもは、集中力が続かないことや、興味のないことには腰が重い特性から、整理整とんや片づけがうまくできません。

出したら出しっぱなし、脱いだら脱ぎっぱなし

ＡＤＨＤの子どもは、興味のあることには集中して取り組めるという良い点がある反面、興味のないことにはまったく気が乗りません。特に面倒くさいことには腰が重い傾向があり、出したら出しっぱなし、脱いだら脱ぎっぱなしで、部屋が散らかっていることが多いものです。

親が見かねて「部屋を片づけなさい」と言うと片づけ始めるのですが、途中で別のことに興味が移ると、片づけを放り出して別のことを始めてしまい、いつまでも片づきません。

こうした状態は、学校の机やロッカーの中も同じと考えられるため、必要なものがすぐに見つからなかったり、忘れ物が増える要因にもなっています。

よく見られる行動例

1. 出したら出しっぱなし
2. 片づけの途中で別のことに興味が行ってしまう
3. 物をよくなくす
4. 整理整とんの方法がよくわからない

支援のポイント

POINT：1

「出したらしまう」をルール化する

出したものは同じ場所にしまう、服を脱いだら洗濯カゴに入れるなど、子どもがやりっぱなしにしないように声かけしてあげましょう。

POINT：2

片づけのテーマを決める

今日は机の上だけきれいにする、学校の机の中は帰るときまでにきれいにするなど、最低限するべきことを決めて、それだけを徹底させてみましょう。

POINT：3

時間を決めて取り組ませる

15分で本棚を整とんする、20分で机の一番上の引き出しの中をきれいにするなど、できるだけ短時間に何をやるかを明確にするのがやりきるコツです。

SCENE 6

おしゃべりが止まらない

ADHDの子ども、特に女の子の場合、多動の特性がおしゃべりにあらわれる場合があります。しゃべり過ぎて、友だちにいやがられるケースも見受けられます。

人付き合いに悪影響を及ぼすことも

ADHDの特に女の子は、不注意や衝動性による問題行動は目立たないことがよくあります。そのかわり、多動の特性がおしゃべりにあらわれることが少なくありません。

たとえば、しゃべり出すと止まらない、深く考えずに思いついたことを口にする、余計なことを話すなどです。あるいは、授業中でも隣の子に話しかける、指名されていないのに答えるなどもあります。

女の子は思春期になると、仲良しグループが形成され、その中でガールズトークがさかんに展開されます。その際、自分の話したいことを一方的にしゃべり、他の子の話を聞かないようなところもあり、友だち関係でギクシャクする場合があります。

よく見られる行動例

1. しゃべり出すと止まらない
2. 友だち同士の会話で一方的にしゃべり続ける
3. 深く考えず不用意なことを言ってしまう
4. 人の話はあまり聞かない

支援のポイント

POINT：1

人の話を聞く練習をする

人との会話はキャッチボールです。自分が話すことだけでなく、相手の話をよく聞くことが大切であることを教えてあげましょう。

POINT：2

コミュニケーション力を身につける

言ってはいけないこと、言ってはいけない状況や場所などをしっかり教えて、話し方をコントロールできるように訓練してみましょう。

POINT：3

人と積極的に話ができることをほめる

物おじせず、積極的に話しかけたり、自分の思ったことを話せることは一つのスキルです。そうした部分はほめてあげましょう。

SCENE 7

つい乱暴な行動に出る

ADHDの衝動性の特性が、カッとなりやすい、つい手が出るといった行動となってあらわれる場合があります。

行き違いがあったり、いやなことを言われたりしたとき、自分を抑えることができなくなって、突然怒り出したり、暴れたりする場合があります。

そうしたことが何回かあると、周囲からいわゆる「キレやすい子」と思われて、距離を置かれてしまうことがあります。また、相手を叩いたり、突き飛ばしたりするなど、乱暴な行動に出ると、大きな問題に発展する可能性があります。

自分を抑えることが難しい

ADHDの大きな特徴に衝動性があります。この特性はさまざまな場面で顔を出すことがあります。

たとえば友だちとの間で気持ちの

よく見られる行動例

1. つい カッとなって大声を出す
2. 何かが引き金となって急に怒り出す
3. 暴れたり物を投げたりする
4. つい手が出てしまう

支援のポイント

POINT：1

何があったか聞いてみる

誰が悪いかではなく、事実としてどんなことがあったのかを聞いてみましょう。子どもも順を追って話すうちに、客観的にとらえることができるようになります。

POINT：2

いやなことは「いや」と言う訓練を

誰かにいやなことを言われてカッとなったという場合、まず言葉で「いやだ」と相手に伝えることを教えてあげましょう。

POINT：3

手を出してはいけないことを根気よく伝える

たとえ相手に非があったとしても、手を出してはいけないことを伝えましょう。ただ、手を出した子どもが一方的に悪いと決めつけないことも大切です。

薬物療法も選択肢の一つ

ＡＤＨＤの多動性や衝動性の改善に、薬が一定の効果を発揮し、治療の現場でも用いられています。子どもに薬を飲ませることに抵抗を感じる人もいるかもしれません。

しかし、比較的に早い段階でＡＤＨＤの診断がついた子どもで、親が薬物療法を望まなかったために、思春期を迎えるころになってあり余るエネルギーを抑えきれず、つねにイライラしていたり、パニックを起こしたり、他人に八つ当たりしてトラブルを招くといった例は少なくありません。学校生活を円滑にする観点からも、薬物療法は選択肢の一つといえます。

ＡＤＨＤの治療薬には、おもに三つの種類があります。

■コンサータ

脳内のドーパミンの量を増やして、自己抑制を司る前頭前野の機能を向上させることで、ＡＤＨＤ特有の不注意や多動性、衝動性を抑える働きがあります。

■ストラテラ

脳内のノルアドレナリンに作用し、働きをよくすることで、集中力を高め、段取りや時間概念を改善する働きがあります。

■インチュニブ

脳内のノルアドレナリンの受容体を刺激して、神経伝達を改善する働きがあります。多動性や衝動性、不注意を抑える作用は他の二剤より弱いですが、感情に作用して感情の爆発を防ぎ、他人に対する思いやりや意欲を喚起します。

薬物療法を行えば困っている問題がすべて解決するわけではありませんが、薬である程度症状を抑えながら、子どものストレスの軽減に努めることによって、学校での困りごとを低減する効果は大いに期待できます。

第4章

ＬＤの子どもの学校での困りごと

ＬＤの子どもは、学習に関わる六つの能力の一つ以上に困難を抱えています。そのため、学校の特定の授業についていけなかったり、学年が上がるにつれて勉強に遅れが出てくるなど、さまざまな不都合が起こる可能性があります。どこに不都合があるのかを具体的に把握して、早めにその対策を講じることが大切です。

SCENE 1

国語の「読み・書き」が苦手

国語を学んでいく上で、読み書きができないことは大きなネックとなります。ＬＤの医学的領域においても、「読字障害」と「書字障害」は大きな部分を占めています。

よく見られる困難の例

❶漢字の音読みと訓読みがわからない

漢字の多くは、音読みや訓読みなど複数の読み方があり、それを判断するには高度な情報処理能力が求められます。ＬＤの子どもは、漢字をどう読めばいいのかわからないことがあります。

❷漢字がうまく書けない

ひらがなやカタカナは書けても、漢字がうまく書けず、授業についていけなくなる子がいます。画数が多い漢字、「へん」や「つくり」が複雑な漢字ほど、苦手になる傾向があります。

❸文章のルールがわからない

ＬＤの子どもは、文章を書く上で必要なルールを覚えるのが苦手な場合があります。たとえば、主語が抜けたり、主語と述語の順番がわからなくなったりします。また、「て・に・を・は」がうまく使えないケースもあります。

❹言葉のつながりがわからない

「いぬのさんぽにいく」を「いぬの　さんぽに　いく」と区切って読むことができず、「いぬ　の　さ　ん　ぽ　に　い　く」などと、一音一音なぞるように読んでしまい、文の意味がわかっていない場合があります。

支援のポイント

POINT：1

どこが理解できないのか把握する

国語を学んでいく上で、どこに困難があるのかを正確に把握しましょう。

POINT：2

低学年のうちは親が勉強を見てあげてもいい

小学校低学年のうちは、子どもの苦手をフォローする意味で、親が子どもの勉強を見てもいいでしょう。ただし、「どうしてできないの？」「何度やればわかるの？」などの言葉は禁句です。

POINT：3

ICT機器を活用してみる

書くことが苦手な子どもの場合、パソコンやタブレットのアプリを利用して、正しい漢字の書き方を学ぶこともできます。また、パソコン要約筆記用ソフトを使って声をキーボードで入力すると、画面に文字が表示され、聞くことが苦手な子どもでも情報を得ることができます。

SCENE 2

算数の計算記号や桁が理解できない

「算数障害」もLDの医学的領域の能力障害の一つで、計算が苦手だったり、「＋、－、×、÷」などの計算記号が理解できないなどの特性があります。

よく見られる困難の例

❶数字や記号の意味がわからない

「+、−、×、÷」などの記号や、「kg、cm、ml」といった単位を理解するのが苦手です。中には、計算はできるのに、「合わせていくつ？」と聞くとわからなくなる子どももいます。

❷数字の位（桁）がわからない

縦の筆算をする際、桁をそろえることが理解できず、二桁や三桁の縦の計算になるとわからなくなる場合があります。十の位と一の位がごちゃごちゃになってしまうのです。

❸繰り上がりや繰り下がりがわからない

数字の繰り上がりや繰り下がりがなかなか理解できない場合があります。桁が大きくなればなるほど計算も困難になります。

❹文章題を解くのが苦手

文章を読んで理解することが苦手な子は、算数の文章題を読んで設問の意味を理解するのが難しいといえます。そのため問題を解くまでにいたらない場合があります。

支援のポイント

POINT：1 解ける問題から始めてみる

特性のために、どうしても解けない問題が出てくる場合があります。それを解けるようにするよりもまず、子どもが絶対に解ける問題に取り組んで意欲を高めてあげましょう。

POINT：2 別の物を使って補足してみる

たとえば、足し算や引き算、分数など、実物のリンゴを用意して数えさせたり、二つに割ったりするなどして、イメージしやすい工夫をしてみましょう。

POINT：3 算数のおもしろさを教える

学校の授業内容とは直接関係がなくても、算数にちなんだパズルや、算数をテーマにした絵本を与えるなどして、算数や数字のおもしろさに触れる機会をつくってみましょう。

POINT：4 学年が上がってきたらプロに見てもらう方法もある

学年が上がって学習の難易度も上がってきたら、親が勉強を見てあげるのではなく、専門の塾や機関などのサポートも検討してみましょう。

SCENE 3

コミュニケーションがうまくとれない

言葉の使い方や聞き取りに偏りがあるため、先生や友だちとの会話についていけない場合があります。コミュニケーションの問題は見えにくいという難点もあります。

よく見られる困難の例

❶相手の話をうまく聞き取れない

会話の内容が理解できない、最後まで聞き取る集中力がない、一度にさまざまなことを言われると混乱してしまうなどの理由から、人との言葉のやりとりが難しい場合があります。

❷聞いたことを覚えていられない

聞いたことをすぐに忘れてしまうことがあります。そのため、友だちとの口約束を忘れていて気まずい思いをしたり、覚えているつもりだったのに学校の配布物を忘れてしまったりといったことも起こりやすくなります。

❸相手にうまく伝えられない

話がとぎれとぎれになったり、たどたどしかったりと、相手が聞き取りやすいように話すことが苦手です。そのため相手に意図がうまく伝わらなかったり、誤解されたりすることがあります。

❹言葉を思い出すのに時間がかかる

相手に何を言いたいのか、一瞬わからなくなったりします。また、言いたいことを表現する適切な言葉がすぐに出てこなくて、だまりこんでしまうこともあります。

支援のポイント

POINT：1

相手の話をよく聞く

ところどころ理解できない部分はあっても、とにかく相手が話したことをよく聞くクセをつけさせましょう。そのとき相手の表情をよく見ることもポイントです。

POINT：2

短く話す工夫をしてみる

相手に伝えたいことを、短く端的に言葉にする練習をしてみましょう。かえってその方が相手も理解しやすい場合があります。

POINT：3

子どもの話を根気強く聞いてあげる

たどたどしい話し方でも、親はあいづちを打ちながらじっくりと耳を傾けてあげましょう。急かすと、子どもは余計に話しにくくなってしまいます。

POINT：4

電子化された絵カードを活用してみるのも方法

自分の気持ちや言いたいことを、言葉を選んで相手に伝えることが苦手な子どもには、電子化された絵カードを使って自分の言いたいことを選び、音声出力する方法があります。

SCENE 4

グループ学習が苦手

他の子どもたちと同じように聞いたり話したりできない子どもは、グループで一緒に課題に取り組んだり、何かをつくったりすることが苦手な場合が少なくありません。

よく見られる困難の例

❶グループで活動するのが苦手

特に「聞く」「話す」が苦手な子どもは、一対一の関係ならまだいいですが、グループの中でみんなの話を聞いて理解し、自分の意見も述べるのは容易なことではありません。

❷共同作業を行うことが難しい

「読む」「書く」「推論する」などが苦手な子どもは、みんなと一緒に何かをつくり上げていくような共同作業を行うことが難しい場合があります。

❸友だちの間だけのルールがわからない

言葉の聞き取りが困難だったり、他人の表情をうかがったりするのが苦手な子どもの場合、グループ内だけに通用する約束事やルールがうまく理解できない場合があります。

❹その場の空気を乱す

「聞く」「話す」が苦手な子どもは、コミュニケーションがうまくとれないことから、協調性が育ちにくい傾向があります。その場の雰囲気が読み取れず、一人でみんなとは違うことをしたり、悪気はなくても他の子の邪魔になるような行動をとってしまう場合があります。

支援のポイント

POINT：1

**わからないことを
みんなに伝える**

共同で何かに取り組む場合、わからないことをあやふやなままにしておくと、結果的に周囲の足を引っ張ってしまう場合があります。「これはわかったけれど、ここがわからない」などと伝えるようにしましょう。

POINT：2

自分にできることを担当する

誰にも不得意はあります。得意なことや自分にできそうなことを担当できるように、周囲に申し出てみましょう。

POINT：3

**親子で一緒に
何かをする練習をしてみる**

たとえば、グループで観察日記を書く課題があったとしたら、家でも親子で役割を決めて、観察日記を書く練習をしてみるのも方法です。

SCENE 5

実技系の科目が苦手

ＬＤの特性に、運動機能の問題があるわけではありません。しかし、頭で理解したように体を動かすことがうまくできないことがあります。

よく見られる困難の例

❶実技系の科目が苦手

筆で文字を書く、絵を描いたり木を彫ったりする、縫物をするなど、手先を細かく使う作業が苦手なことがあります。上手にできる子とそうでない子の違いが見えやすいため、本人は劣等感を抱いてしまいがちです。

❷複数の動きを同時に行う運動が苦手

跳び箱、鉄棒、縄跳び、スキップ……など、複数の動きを同時に行う運動がうまくできない場合があります。また、「推論する」ことが苦手な子どもは、スポーツのルールを覚えたり、作戦を練ったりすることがうまくできません。

❸基本的な動作が遅い

ＬＤの子どもの中には、基本的な動作がゆっくりしている子がいます。そのため歩くテンポや、走る際の足や腕の動きも遅いため、早く走ることができない場合があります。

❹手先が不器用

感覚認知や空間認知に問題がある場合、シューズのひもを結んだり、ボタンをかけたりするなどの簡単な動作がなかなかうまくいかない場合があります。また、文字は書けても時間がかかる、正確に書けない、マスからはみ出すなどが見られる場合があります。

支援のポイント

POINT：1

できることを見出してあげる

ＬＤの特性があっても、すべてが苦手なわけではありません。できることも得意なこともあります。それを見出して伸ばしてあげましょう。

POINT：2

自宅で練習してみる

縄跳びやスキップなど、コツをつかめばできるようになるかもしれません。親が見本を見せながら、無理のない範囲で根気強く練習をしてみましょう。

POINT：3

できるようになったらほめる

できなかったことができるようになることは、何より自信につながります。できるようになったことをねぎらい、それまでの頑張りもほめてあげましょう。

SCENE 6

併存する特性の影響を受けることもある

LDは他の発達障害が併存していることがあります。その場合、学習面での特性に加えて、落ち着きがない、協調性に乏しいなどの行動が目につく場合があります。

よく見られる困難の例

❶集中力が続かない

ＡＤＨＤの特性が併存していると、一つのことに集中しにくい場合があります。ＬＤの特性のために授業の中でわからないことが出てくると、他のことに興味が移ってしまう可能性があります。

❷多動性または寡動《かどう》性の傾向がみられる

LDにADHDの特性が加わると、授業中に席を離れるなど、じっとしていられない子が多く見られます。逆に、体の動きが鈍く（寡動）、何ごとにも無気力で、授業に集中していないケースもあります。

❸外部からの刺激を受けやすい

さまざまな刺激に対して反応が鋭いのは、ＡＤＨＤによく見られる特性です。授業中に気になることがあるとそちらに神経が集中して、授業がそっちのけになってしまう場合があります。

❹臨機応変な対応ができない

ＡＳＤの特性が併存するケースでは、変更や変化に対応できない場合があります。授業が急に自習に変わったり、他の先生が来たりすると、その状況に対応できず、混乱してしまう場合があります。

支援のポイント

POINT：1

集中しやすい席の工夫を

教室では外部の刺激を受けやすい窓側や廊下側の席は避け、先生に近い前列の中央付近の席にしてもらうと、気が散りにくくなります。

POINT：2

教室内の環境を点検してもらう

教室内の壁に貼ってある掲示物も、気が散る要因になる場合があります。他の子どもたちに支障がない範囲で、授業中は視界に入りにくい後方に貼るなど工夫してもらいましょう。

POINT：3

興味があることを応援する

誰でもわからないことに対しては興味がわきにくいものです。ただ、ＬＤの子どもは得意なことや興味があることには、驚くほどの集中力を発揮することがあります。

POINT：4

便利機器を使ってみる

落ち着きがない子どもや、音に敏感で勉強に集中しにくい子どもには、ノイズキャンセリングヘッドフォンを着けて雑音をシャットアウトすると、集中力を高める効果が期待できます。

LDの困難さを支援するさまざまなツール

LDをはじめ発達障害のある子どもたちが抱えている学習の困難さをサポートするツールとして、ICT機器が注目を集め、教育の現場への導入が進められています。

ICTとは、「Information and Communication Technology」の頭文字をとったもので、情報通信技術のことです。おもなものには、パソコン、タブレット、電子黒板などの機器や、プリンター、プロジェクター、液晶テレビ、ディスプレーなどの周辺機器があります。

また、「書く」ことが困難な子どものために、板書を撮影するデジタルカメラ、集中が続かない子や音に過敏な子のためにノイズキャンセリングヘッドフォンなどもあります。こうした補助具やICT機器を上手に用いることによって、困難の多いLDの子どもにも高い学習効果が期待できます。

ただ、LDの子どもが教室でPCやタブレットなどを使っていると、他の子どもたちが「○○君だけいいなあ」「ずるい」などと言われることがあります。しかし、心苦しく感じることはありません。くわしくは後述しますが、現在学校では障害のある子どもが他の子どもと同じように学ぶことができるように、必要な支援やルールの変更、環境改善を行う「合理的配慮」が義務化されています。特性による困難を少しでも軽減し、子どもが学習に苦手意識を持つ前に、これらをできるだけ早く活用することが望ましいといえます。

第5章

得意を生かす、能力を伸ばす環境づくり

発達障害の子どもたちが、学校でさまざまな困りごとに直面する可能性があることを見てきました。特性ゆえに困難はあっても、一人ひとりに合った環境が整えば、子どもは持てる力を発揮し、能力を伸ばしていくことができるはずです。特性のある子どもにとって学びやすい環境とはどういうものなのかを考えてみます。

学校は将来の自立のための基礎を築く場所

そもそも子どもが学校に行く目的とは何なのでしょうか。学校を単に勉強する場所ととらえず、将来、社会に出て自立するための土台を築く場所ととらえてみましょう。

基本的な知識や社会性、ルールを学ぶ機会

発達障害の子どもにとって、学校は必ずしも居心地のいい場所とはいえません。では、そもそも学校に通う目的とは何なのでしょうか。それは、子どもが将来社会に出て、自立して生きていくために必要なことを学ぶためです。

日本では少なくとも、小学校と中学校の9年間は学校に通う決まりになっています。その9年間で基本的な知識を学び、多くの人との関わりを通じて社会性を身につけ、生きていく上で必要なルールやマナーを体得していきます。それが学校を卒業してから長い年月を生きていく礎になるのです。

発達障害の子どもの場合、社会で自立して生きていく中でさまざまな困難が予想されます。それを予測し、長い人生をどう過ごすかを考える機会を与えてくれる場所の一つが学校だといえます。

学校で起こることが将来のための経験値に

親にしてみれば、子どもが学校に入ったら毎日元気に通って、一生懸命勉強に励んでほしいと考えるものです。そう考えること自体悪くはありませんが、あまりにそれを子どもに求めてしまうと、それが学校に通う目的のようになってしまうおそれがあります。

発達障害の子どもにはそれぞれ特性があり、できることとできないこと、得意と苦手があります。もちろん、学校に通うことを苦にせず、平均以上の成績を取る子どももいます。しかし、何かをきっかけに学校に通えなくなる子、小学校低学年のうちは比較的いい成績だったのに徐々に成績が下がってくる子、意欲を失ってしまう子……。あるいは順調に中学、高校と進み、希望の大学に入学したけれど、卒業後に何をしたらいいかわからなくなってしまう子もいます。

学校で子どもに起きるさまざまなことは、すべて将来につながっています。うまくいくことも、思うようにいかないことも、将来自立していくための経験値となります。勉強や成績にばかりとらわれず、子どもがこれからの長い人生に目標が持てるように寄り添ってあげることが大切です。

学力は自発的に勉強するから伸びる

学力とは、子どもの中に形成される人間的能力のことです。その学力は、自ら「学びたい」という気持ちで行うからこそ身につきます。

学力＝成績とは限らない

学力とは、学校教育を通じて系統的に伝達され、習得される知識や技能を中心として、子どもの中に形成される人間的能力のことをいいます。すべての子どもに人間的能力を形成し、身につけることが学校教育の課題といえます。

ただし、学校において子どもの学力は、「成績」という一つの側面から判定・評価される場合が多いものです。そのため、つい成績で優劣を測り、「できる」「できない」を決めてしまうところがあります。長年、そういう形で判定・評価されてきたために、成績をつい重視してしまいがちです。

しかし、人間的能力という観点から考えると、学校の成績が必ずしも重要ではないことを大人は経験的に知っています。気の合う友だちを見つけるのに、その人の成績で選ぶ人はほとんどいないでしょう。それよりも相手の人間的な魅力や自分との相性、何よりその人のことを好ましく思うかどうかが重要ではないでしょうか。

もちろん、成績を否定するわけではありませんが、成績が振るわないことが大問題になることはありません。学校の成績は進路を検討する際の参考にするため、ある程度ばらけるようにつくられているところもあります。そのため平均より良い成績の子もいれば、悪い成績の子も出てきますが、成績の悪い子が将来的に社会に出られないということはないのです。

「やらされ感」を持つと学ぶ楽しさは感じられない

本来、勉強は自ら「学びたい」という発意から行われるべきものです。人は無理強いされた勉強よりも、自分がやりたくてやった勉強の方がよく身につきます。

たとえ発達障害があっても、子どもが自発的に学んでいるときは習得が進み、さらに「次はこんなこともやってみたい」という意欲がわいてくるものです。その意欲を引き出してあげることが肝心です。

学校での学習は、基本的に先生が行いますが、家でのサポートも大切です。子どもが在宅しているとき、「学校の勉強はどう?」「今日のテストは何点だった?」「宿題はあるの? あるなら早くやってしまいなさい」といった声かけや接し方をしていると、子どもはどこか「やらされ感」を持ってしまいます。そして誰かにやらされていることは、いずれやらなくなっていきます。

成績を念頭に置いて、子どもに何かをやらせようとするよりも、子どもが好きなことを見つけ、自ら学んだり取り組んだりして、「今日こんなことがわかったよ」などと話してきたら、きちんと耳を傾けてあげましょう。学ぶ楽しさを感じていると、子どもの学力は伸びていきます。その状態が続けば意欲はさらに高まり、他の科目やテーマにも興味が広がっていきます。

目標は低めに設定するくらいでいい

子どもが学校に通い始めると、親としてはつい成績が気になってしまうものです。特性のある子どもにはまず、勉強の楽しさを感じられる工夫をしてあげましょう。

目標は低めくらいでちょうどいい

発達障害の子どもを持つ親の考え方もさまざまです。「毎日元気に学校に通ってくれれば十分」と言う人もいれば、「将来のためにしっかり勉強してほしい」と言う人もいます。たしかに、学校で良い成績を取れば進学や就職の選択肢が増え、将来の自立を考えれば有利といえるかもしれません。

とはいえ、子どもに無理な目標を課してしまうと、思わぬ弊害が起こる場合があります。

発達障害の子どもは、それぞれ特

性ゆえのやりにくさを感じながらも、がんばって学校に通っています。しかし、得意と苦手がはっきりしていたり、興味のわかない科目に対しては極端に成績が振るわないケースもあります。すると、どうしても苦手な方に目が向いて、「もっとできるはず」と子どもにはっぱをかけてしまう場合が少なくありません。また、学校の先生にも、「もっとがんばらせてください」と目標を上げてしまうこともあります。

　むやみに高い目標を掲げると、子どもに過度の負担をかける結果になる場合が多いものです。なぜなら、特性のある子どもは学校生活で経験するさまざまな困難に少なからずストレスを感じており、そこへさらに成績向上の努力を強いることになるからです。これでは子どもを「学びやすい環境」から「苦労の多い環境」へと導いてしまうおそれがあります。そんな環境で子どもをがんばらせると、それに耐えられずにつぶれてしまうケースもあるのです。

達成できたら評価する、それを繰り返そう

　むしろ小・中学生のうちは、目標を低めに設定するくらいでいいと考えます。そして子どもが目標を達成できたら、「やったね！」「できたね！」と評価し、ねぎらってあげましょう。「低めの目標→クリア→新たな目標→クリア」という循環が定着すると、子どもにとって学校が活動しやすい環境になります。また、子ども自身、「できた」ことが自信となり、勉強に対する意欲もわきやすくなります。

　ただし、目標がクリアできたからといって、目標設定を上げていくことは得策ではありません。学年が上がるにつれて学習内容も難易度が上がり、クリアすべきハードルも上がっていきます。安易に目標を上げてしまうと、それがつまずきとなって、苦手意識が芽生えたり、意欲をなくしてしまう可能性があります。

　発達障害の子どもは、ただでさえ自信を形成しにくい状況にあります。せめて小・中学生のうちは目標を低めに据え置き、子どもに達成感と自信を味わわせてあげることが、広い意味で「学ぶこと」の楽しさを知ることにつながります。

得意を伸ばして、苦手はそこそこでいいと考える

発達障害の子どもの場合、努力してもできないことがあります。できないことをできるようにするより、得意なことを見つけて伸ばす視点を持ちましょう。

学校の成績や点数を子どもの得意を知る手立てに

特性の有無にかかわらず、誰にも得意なことと苦手なことがあります。そして努力すれば苦手をすべて克服できるとは限りません。ならば、苦手の克服を優先するよりも、得意なことを伸ばしていく方が、将来の自立にもつながると考えます。

子どもの得意と苦手を見極めるために、学校での学習が参考になります。たとえば、長文読解問題を解くのは苦手でも、漢字を覚えるのは得意だったり、教室で先生の話に集中できない子どもでも、理科の実験になると積極的に取り組めたり。あるいは、「読む」ことが苦手なＬＤの子どもでも、計算問題はスラスラ解いてしまうケースもあります。学習科目以外でも、絵が得意だったり、集団競技は苦手でも短距離走では誰よりも速かったり、手先が器用な子どももいます。

そうした子どもの得意を見極めるには、成績やテストの点数が参考になります。どの科目が得意なのか、どんな問題や内容で点が取れているのかを正確に把握しましょう。学習科目だけでなく、実技科目でもかまいません。子どもの「得意」や「できる」に目を向けて、そこを伸ばすことを優先しましょう。何か一つでも〝強み〟があることが、子どもの意欲の源にもなり、自信にもつなが

ります。

苦手意識を持たせないことも大事

子どもの得意がわかっても、親としては苦手なことにも目が行ってしまうのは無理もありません。日本では、「できる」ことより「できない」ことに注目し、減点方式で評価してしまうところがあります。せっかく得意があっても、苦手もあるからと相殺してしまうのです。そうしたとらえ方は言葉の端々にあらわれがちです。

　繰り返しになりますが、発達障害の子どもは特性のために得意と苦手、できることとできないこと、興味のあることとないことがはっきりしている場合が多く、苦手やできない科目・分野ではつまずきやすいことが想定されます。実際に、そういう科目や分野の成績はあまり振るわないかもしれません。しかし、苦手やできないことに注力してしまうと、子どもの中に苦手意識が芽生えます。それが思春期を迎えるころになると、勉強への無気力に変わっていき、〝できない自分〟に劣等感を持ってしまう可能性があります。

　とりあえず、苦手やできないことはそこそこで良しとしましょう。その分、得意なことやできることを伸ばしてあげて、加点方式でとらえてあげてください。

「好き」を見つけて特性を長所に変える

勉強面での「できる」だけでなく、子どもの「好き」「興味がある」ことを存分にやらせてあげましょう。それがやがて長所や強みになることがあります。

興味のあることをとことんやらせてあげよう

人はいろいろな経験をすることで、好ききらいや得意と苦手が見えてくるものです。それは特性のある子どもも同様です。そこで子どもの良いところを伸ばそうと考えるなら、まず親がいろいろな経験ができるようなお膳立てを心がけましょう。その中から、どんな物事が好きなのか、何が自分に合っているのかを探す手伝いをすることが第一です。

たとえばＡＤＨＤの子どもの場合、一つのことに集中して取り組むことが苦手ですが、好奇心は旺盛なので目に映るさまざまな物事に興味を持ち、すぐにやり始めたりします。もし状況が許すのであれば、それを存分にやらせてあげましょう。集中力が続かず、すぐに飽きて投げ出してしまうこともありますが、それでも構いません。飽きたらまた別のことをやってみる。そうした中から、何かツボにはまる物事が見つかり、毎日飽きずにやり続けるようになるかもしれません。

　ここでポイントとなるのは、子どもがやっていることに対して「そんなつまらないこと」と決して言わないようにしましょう。子どもは直感的に、「好き」や「おもしろそう」を判別します。それは形の変わった石ころ集めだったり、ダンゴムシ探しだったりと、大人からすれば「そんなことが何の役に立つの？」と思うようなこともあるでしょう。それでも、「すごいね」「よく見つけたね」と認めて、飽きるまでとことんやらせてあげてください。対象は何であれ、意欲を持って何かをやり続ける気持ちを育んであげることが、特性を長所にしていく上で重要です。

「好き」をやり続けさせるだけの度量が必要

ところが、頭ではわかっていても実際にはそううまくはいきません。子どもがダンゴムシ探しばかりをしていたら、「そんなことしていないで、勉強しなさい」と言ってしまうでしょう。

　これは学校の先生でも同じです。先生は子どもたちに勉強を教えて、中学や高校に行くための学力や状況を整える立場にあるので、やはり「勉強しなさい」と言ってしまいがちです。子どもが興味を持った一つのことを、ずっとやり続けさせてあげるには、それだけの度量と覚悟を持つことが親や先生に求められます。

　実際、特性のある子どもが「好き」や「興味がある」をとことん追求した結果、その道の専門家になった例は少なくありません。ただ、専門家になるには、単にダンゴムシだけにくわしくなればいいわけではなく、それを専門的に勉強できる大学などに進学する必要があります。それには、たとえ好きではなくても国語や算数、英語なども勉強しなければなりません。

　そこで親や先生は、子どもが「好き」や「興味がある」ことをやり続ける環境を整えながら、ほかの勉強もさせる必要があります。これは言葉で言うほど簡単ではなく、大変根気のいる作業ですが、子どもの将来を見据えながら、気負わずに取り組んでいきましょう。

子どものモチベーションを引き出す

物事に意欲を持って取り組めるかどうかは、教育における大きな課題です。意欲が持てることに対して、子どもは自ら興味を持ち、学ぶようになります。

子どもに「楽しいこと」を聞いてみる

勉強に限らず、何事にも意欲を持って取り組むことは大切なことです。とはいえ、子どもがどれほど意欲を持っているかを推し量るのは簡単ではありません。学習の習熟度ならテストの点や成績を見ればある程度知ることができますが、意欲の有無や度合いまではわかりません。

子どもの意欲を知る一つの指標として、子どもが「学校に行くことを楽しんでいる様子が見られるかどうか」があげられます。

発達障害の子どもの場合、学校から帰ってきて「今日はこんなことがあって楽しかった」とか、「明日はこんな授業があるから楽しみ」などと自分から口にすることはほとんどありません。そのため、つい親の方から「今日は学校でどんなことがあった？」「何を勉強してきたの？」などと質問攻めをしがちですが、大抵の場合、「別に何もない」「いつもと同じ」程度の答えしか返ってこない場合が多いものです。

このようなときはまず、「学校で何か楽しいことはあった？」と聞いてみましょう。子どもは何かができたり、興味を持ったことに楽しさを感じ、そこに意欲の芽があります。

何も話してくれなかった場合には、子どもの家での様子をよく観察してみましょう。学校で何かを楽しいと感じている子どもは、自ら準備をするという行動にあらわれる場合があります。普段は親から促されないとやらない子が、自ら宿題に取り組んだり、明日の持ち物をそろえるなどしていたら、何か楽しみがある可能性が高いといえます。

　それを取っかかりにして、「明日は何か楽しいことがあるの？」と聞いてみると、話してくれるかもしれません。そうした子どもの興味や意欲の向かう物事を知って、それを後押ししてあげましょう。

特性があっても「できる」環境をつくって意欲を引き出す

　子どもは意欲が持てることには、自ら進んで取り組もうとしますが、その反面、苦手なことや興味が持てないことには意欲はわきにくいものです。

　特に発達障害の子どもの場合、特性のためにできないことがあります。たとえばＡＳＤの子どもは、聞くだけでは理解できないことが少なくありませんが、目で見ると理解しやすくなります。この場合、学校では先生が言葉で説明するだけでなく、板書もすることで理解できるようになったり、家では言葉だけで指示をするのではなく、絵カードなどを用いて指示をすると伝わりやすくなったりします。特性による〝できない〟を道具や環境を工夫することで、〝できる〟に変えられる場合があります。

　子どもが何を苦手に感じ、できないのかを知って、適切な対策をとることで、「これならできる」「わかった」という実感を持つことが、子どものモチベーションアップにつながっていきます。

イライラしない学習環境づくりを心がける

思春期を迎えるころになると、親の言うことを聞かなくなったり、反抗的な態度をとるようになり、勉強に身が入らなくなる場合があります。

思春期は心身が不安定になる難しい時期

学年が上がるとともに学習内容も難しくなっていき、特性の有無にかかわらず、勉強についていくことが大変になります。さらに思春期を迎えるころになると、第二次性徴にともなって心身がアンバランスになり、個人差はあるもののイライラしたり、反抗的な態度をとるようなことが出てきます。これは発達障害の子どもも同様です。

これは子どもが精神的に自立するための大切な過程ですが、特にＡＤＨＤの子どもの場合、もともと衝動性の特性があるため、まわりからの刺激に過剰に反応して、かんしゃくを起こしたり怒りっぽくなる場合があります。そうした態度や行動がエスカレートして、親や先生に対して口ごたえをしたり、拒絶的な態度をとったり、些細なことで口論になる場合もあります。

　また、思春期は「自分は何者か」を意識し始め、自分と他人を比べるようになってきます。特性ゆえに、他の子どもと比べて「同じようにできない」ことに違和感を覚えることも少なくありません。「どうして自分はこうなのか」「なぜみんなと同じようにできないんだ」と劣等感を抱き、意欲を失って勉強に身が入らなくなったり、宿題を忘れていくようになるケースも見受けられます。

子どもにプレッシャーをかけないことが大事

このような子どもの態度や行動の変化に、親としては戸惑ってしまいます。親自身も通ってきた道のはずですが、いざ子どもに接する際に、適切な対応がとれないことも少なくありません。

　まずは、子どもは日々成長し、変化していくものだということを受け入れましょう。子どもがアンバランスな時期に、「もっと勉強しなさい」「宿題を忘れてはダメでしょ」などと正論をぶつけても、改善に結びつかないことが多いものです。本人も頭ではわかっているけれど、わけもなくイライラしたり感情的になってしまい、そんな自分を持て余している場合があります。難しいかもしれませんが、子どもが興奮しているときは少し距離を置いて、傍観するのも方法の一つです。

　また、意欲を失っている子どもに、つい口にしてしまいがちなのが、「がんばりなさい」という言葉です。子どもが焦りを感じていたり、自信を失いかけているときに「がんばれ」とはっぱをかけると、それがプレッシャーになってしまう場合があります。同じように「やればできる」という声かけも、子どもにとっては苦痛に感じることがあります。

　こうした言葉かけは、かえって逆効果になるおそれがあります。子どもができるだけ平穏に毎日を過ごせるように、距離を保ちながら見守っていくスタンスを意識し、子どもが何かを求めてきたときには対応するように心がけてみましょう。

たくさんほめて、ほどほどに叱る

特性のためにうまくできないことの多い発達障害の子どもは、「ほめられる」ことで興味を持ち、行動が強化され、意欲につながっていくことが多いものです。

誰でもほめられればうれしい

特性のある子どもは、一生懸命やっていても、他の子どもと同じようにできないことがたくさんあります。そこで視点を少し変えてできたことに着目し、「子どもをほめる」を実行してみましょう。

どんなことでもかまいません。「しわくちゃだけど学校のプリントを持って帰ってきた」「マンガを描く、マンガを読むようになった」「弟と仲良く遊べた」など、いつもはやらないことをやったときや、課題をクリアしたようなときは、それがどんなに些細なことであってもほめてあげましょう。ほめられるとその行動が強化され、良い行動として定着し、繰り返しできるようになっていきます。

なかなかできるようにならない場合でも、「がんばっているね」「その調子」などと、子どもの取り組んでいる姿勢をほめてあげましょう。そうした言葉や、誰かに見てもらっているという安心感が励みとなり、課題達成につながりやすくなります。

叱る回数を減らすと心の持ちようが変わる

ほめることと同時に、叱る回数を減らすことも大切です。また、「ダメよ」「やめなさい」といった否定的な言葉も、極力使わないように心がけましょう。

たとえばＡＤＨＤの子どもは、落ち着きがなかったり、物をなくしたり、時間にルーズだったりと、何かと問題行動が多く、つい叱ってしまいがちです。それで行動が改善されればいいのですが、特性のために同じ行動を何度も繰り返す傾向があります。

一方、ＡＳＤの子どもは「ダメよ」と言われても、何がダメでその後自分はどうしたらいいのかがわからないため、ただ戸惑うだけで改善に結びつきません。

子どもも頭ではやってはいけないことを理解していますが、特性のために同じことを繰り返してしまい、「また叱られる」と感じている場合も多いのです。それを理解し、叱る回数を極力減らす努力をしてみてください。そうすることで子どもはビクビクしなくてもすみ、心の持ちようも変わってきます。

課題にはスモールステップで取り組もう

特性のある子どもができなかったことをできるようになるには、達成するまでの課題を細かく分けて取り組む（スモールステップ）ことが重要です。目標とする課題を、子どもの状況に合わせて細かいステップに分け、目指すレベルを小刻みに上げていくのです。すると課題をクリアしやすくなり、ほめる機会も増えます。

親はどうしても子どもに期待をかけ、叱咤激励してしまいがちです。そして、完全にできるようになるまで目標達成とは認めず、〝全クリ（全部クリア）〟するまでほめてあげない場合も少なくありません。これでは目標達成する前に意欲を失ってしまう可能性があります。

子どものペースに合わせて、小さなことを一つひとつできるようにサポートし、できたらほめ言葉をかけて一日が終わる。こうして子どもに成功体験をたくさん味わわせ、意欲を引き出してあげましょう。

自尊心を育んで「自己肯定感」を高める

発達障害の子どもは、なかなか自分に自信が持てません。できること、得意なことを引き出してあげることが、子どもの自己肯定感を高める重要なサポートとなります。

特性のある子どもは自己肯定感が育まれにくい

自己肯定感とは、「自分は生きている価値がある」と自分を肯定する気持ちをいいます。子どもは成長の過程でさまざまな経験を積み、誰かにほめられたり、認められたりすることで意欲が芽生え、自信をつけていきます。それが自己肯定感を高めていく原動力となります。

ところが、発達障害の子どもは、自己肯定感を育むことが難しい場合が少なくありません。

たとえば、ＡＳＤの子どもは得意と苦手がはっきりしている傾向があり、国語の文章読解問題は苦手でも、歴史や地理といった暗記科目は得意など極端な偏りがある場合があります。するとどうしても周囲の大人は、「国語がダメね」「もっと本を読みなさい」などと言ってしまいがちです。

努力をしてもなかなかできるようにならないことに対して、ついはっぱをかけてしまうのです。

また、ＡＤＨＤの子どもは、一つのことにじっくりと取り組むことが苦手で、集中力が続かない場面が多く、学校でも家でも叱られることが多くなりがちです。さらに、特性のために、同じ失敗を何度も繰り返すので、同じことで何度も叱られてしまいます。

そうしたことが日常的に繰り返されると、特性のある子どもは「自分はダメな子」「何をやってもうまくいかない」と思い込み、自己肯定感が芽生えにくいのです。

自己肯定感を高めることは将来の自立につながる

しかし、得意なことを伸ばしたり、持てる能力を発揮するには、自己肯定感が欠かせません。特性があっても、必ず長所があるものです。それを見つけるには、まず子どもの好きなことや興味を持っていることを存分にやらせてあげることが重要です。それが虫の世話だったり、マンガを描くことであっても、です。

親はつい、「そんなことばかりしていないで、勉強しなさい」と言ってしまいがちです。しかし、特性のある子どもが意欲的に取り組んでいることを、やり続けさせてあげることで、子どもの可能性は広がっていきます。

そして、もう一つのポイントは前述した通り、とにかく「ほめる」ことです。子どもが小さいうちは「上手にできたね」「えらいね」「いい子だね」などと声かけしてきたのに、小学校に上がって課題が増えると、ついできないことに目が行ってしまい、ほめるより注意や叱責の方が多くなりがちです。

また、親の中には「ほめると子どもを甘やかすことになるのでは？」と抵抗を感じる人もいます。しかし、ほめることと甘やかすことは違います。ほめることは、どんな些細なことでも、子ども自身が一つの壁を乗り越えたことを認めることを意味します。

定型発達の子どもは難なくできることでも、特性のある子どもには大きなハードルであることを理解しましょう。それを乗り越えることができたら、子どもを十分にほめて認めてあげてください。それが子どもの自信につながり、自己肯定感を高めていき、それがやがて子どもの将来の自立へとつながっていきます。

学校とうまく連携をとろう

子どもの困りごとを軽減するには、家庭の中だけでがんばっても、学校だけががんばってもうまくいきません。家庭と学校が連携することが子どもの成長につながります。

子どもに関する情報を共有する

子どもが特性による困難を克服していくには、家庭と学校が同じ目標に向かって足並みをそろえることが欠かせません。そのためにも、お互いに子どもに関する情報を共有することが先決です。

そこで子どもの学習面や行動などで心配なことがあるなら、迷わずに担任の先生に連絡をして、個別に相談の時間をとってもらいましょう。その際、保護者は子どもの家庭での様子や日ごろ気になっていることをリストにまとめておくなど、できるだけ具体的に話せるようにしておくといいでしょう。担任の先生は毎日の授業を通じて、子どもの学習上の困難を把握しています。お互いにそうした情報を持ちよって、共有することを心がけましょう。

家庭訪問のときには、先生に子どもの部屋を見てもらったり、家庭ではどのような工夫をしているのかを伝えることもいい参考になります。

役割分担を決める

実際に子どもを支援する場面では、さまざまな人が関わることになります。しかし、学校には学校の、家庭には家庭の「できる」と「できない」があります。そこで家庭と学校がそれぞれどのように支援するか、役割分担を決めておくことも大切です。それがないと、お互いに過剰な期待をしたり、能力以上の支援を求めてしまうことにもなりかねません。

実際、家庭では子どもとどう関わればいいのかわからず、保護者が子どもの支援を全面的に学校に依存してしまう場合があります。逆に、家庭のやり方を学校に求めてくるケースもあります。しかし、一方だけががんばっても、いい結果は望めません。それぞれができることを子どもに最大限してあげることが、いい結果をもたらします。

家庭と学校が上手に連携するポイント

- 家庭での問題点と学校での問題点を、保護者と担任の先生がお互いに共有する
- 目標を設定し、家庭と学校が子どもの特性へのサポートの仕方を共有する
- 家庭と学校で「ほめる言葉」と「叱る言葉」を統一する
- 家庭と学校で学習する環境をできるだけ同じように整える
- 定期的に面談の場を設ける

学校の支援体制を説明して家庭にも支援を求める

学校の支援体制についても、家庭に理解してもらうことが必要です。保護者の中には、子育てに自信を失っている人も少なくありません。そんな保護者に対して、子どもの欠点や問題点ばかりを指摘すると、感情的な対立を招いてしまいます。

面談などでは、保護者の了解を得た上で、学級主任や特別支援教育コーディネーターなどに加わってもらい、学校のサポート体制を説明して理解してもらいましょう。その上で、子どもの将来の自立に向けて、何が必要なのかを率直に話し合ってみましょう。

コミュニケーションをとることで保護者と学校との信頼感が増し、上手に連携することができれば、子どもの成長に貢献します。

Doctor's File 5

「学校に行きたくない」と言い出したら

ある日、子どもから「学校に行きたくない」と言われたら、どのように対応しますか。「どうしたの？　何があったの？」と理由を聞くかもしれません。優しく「大丈夫だよ。とにかく行ってみよう」と励ますかもしれません。「何を言っているの！　学校には行きなさい」と強い口調で促すかもしれません。さて、この場合、行かせるか休ませるか、どちらがいいのでしょうか。

理由はそれぞれですが、登校をいやがるのは、子どもの悩みが昨日今日始まったことではなく、ずっと悩み続けていよいよ学校には行けないほどつらくなってしまった状況にあると考えられます。したがって、その日は学校を休ませましょう。

さらに、タイミングを見計らって、子どもが学校に行きたくない理由をたずねてみます。もし、話してくれたらじっくり聞いて、これまでの子どもの様子を振り返り、思い当たる要因があれば、それを改善する方法を探ってみましょう。話してくれない場合は、無理に聞きだそうとせず、子どもを心身ともに休ませてあげましょう。

担任の先生にも子どもの様子について情報を共有し、学校での子どもの様子で気になる点がなかったかどうかを確認しておきます。

発達障害の子どもは、表情や態度から子どもの状況を推し量ることが難しかったり、聞いてもうまく答えられなかったりすることが多いものです。「学校に通えているから大丈夫」と安易にとらえず、学校に行くことを楽しんでいるかどうかという視点に立って、日々の様子を観察することをおすすめします。

第6章

将来の自立を見据えて教育環境を考える

発達障害の子どもが、その持てる能力や可能性を最大限に伸ばし、将来の自立を促していくために、通常の学校だけでなく、特別な指導を行う学校や機関、しくみなどがあります。その概要や具体的な取り組みを知って、子どもに合った教育環境の検討に役立てましょう。

支援機関を積極的に活用しよう

発達障害の子どもをサポートするさまざまな公的サービスや機関があります。学校生活や進学などでの不安や疑問、困りごとなどがあったら積極的に活用しましょう。

公的機関に相談してみよう

発達障害の子どもには、就学後にもさまざまな支援が必要です。その支援を保護者だけで行うのは難しいといえます。日々成長する子どもの行動や言動で、気になることがあるようなら、子どもの支援を行っている公的機関を積極的に活用してみましょう。

各市区町村にある保健所や保健センターは、小学校入学後でも子どもの発達の相談にのっています。児童相談所では、18歳未満の子どもに関するさまざまな相談を受けつけていますが、発達障害の専門医と連携している相談所では、必要に応じて医療機関につないでくれます。

また、各都道府県には発達障害者支援センターが設置されており、定期的に発達相談や二次健診、指導やアドバイスを行っています。まずは電話で問い合わせてみるといいでしょう。

他にも、各都道府県には精神保健福祉センターが設置されています。精神保健福祉センターでは、子どもの発達や行動面の問題、家庭内暴力、引きこもり、精神障害など心の健康相談もすることができます。

さらに、通っている学校内に支援体制をつくってもらうこともできます。特別支援教育コーディネーターの役割を担う先生に相談してみましょう。特別支援教育コーディネー

相談できる公的機関

■ 児童相談所

各市区町村に設置してあり、18歳未満の子どもに関するさまざまな相談に応じる機関です。教育や生活全般、子どもの発達状況や障害に関する悩みなどに幅広く対応しています。

■ 保健所・保健センター

地域の保健所や保健センターでは、子どもの発達の相談にのっています。乳幼児期だけでなく、学童期でも相談できます。

■ 発達障害者支援センター

発達障害児（者）への支援を総合的に行う専門機関です。保健、医療、福祉、教育、労働などの関係機関と連携し、発達障害児（者）と、その家族からのさまざまな相談に対応し、指導と助言を行っています。

■ 精神保健福祉センター

心の健康相談(引きこもりや精神障害など)の窓口で、各都道府県に1つ以上設置されています。

■ 大学の研究室に併設された総合相談センター

発達障害に関する相談窓口を持っている大学もあります。

ターは、校内委員会と相談して、医療機関や福祉機関、専門家の紹介や調整などを行っているので、積極的に活用してみましょう。

保護者だけで相談に行くのも可

公的機関や専門機関に相談したくても、子どもが一緒に行くのをいやがることがあります。その場合には、ほとんどの機関が保護者だけでも相談を受けつけています。子どもを無理やり連れて行こうとせず、まずは保護者だけで相談に行ってみましょう。

その後で、どんなところだったか、何をするところなのかを子どもに説明して、子どもの不安を取り除いてあげましょう。施設の写真やパンフレットを見せたり、カレンダーに印をつけるなどして、子どもが安心して一緒に相談に行くことができるように工夫してみることが大切です。

徐々に導入が進む、インクルーシブ教育

インクルーシブ教育とは、障害のある子どもとそうでない子どもを分けて教育を行うのではなく、ともに学べるような形で行う教育システムのことです。

障害があっても通常の学校で支援が受けられる

「インクルーシブ」とは「包括的な」という意味で、「インクルーシブ教育」とは、国籍や人種、言語、性差、経済状況、宗教、障害の有無などにかかわらず、すべての子どもがともに学べる環境の中で教育を行うことをいいます。

日本における障害のある子どもの教育は、障害のない子どもとは分けて、別の場所で行うことを前提としてきました。１９７９年に現在の特別支援学校にあたる養護学校が義務化され、障害のある子どもは地域の学校の通常学級ではなく、養護学校や特殊学級で学ぶこととされてきました。

93年には、「通級による指導」が始まり、２００４年には特殊教育は特別支援教育へと転換しました。それまで障害があって特別な支援が必要な子どもは別の場所で学ぶことが前提でしたが、各校に特別支援教育コーディネーターを配置することで、通常の学校でも支援が受けられるようになってきました。

さらに、12年に「共生社会の形成に向けたインクルーシブ教育システム構築のための特別支援教育の推進」という報告書が出され、障害の有無にかかわらず、同じ環境の中で学べるしくみを構築していこうとしています。

これは合理的な考え方で、学校に多様な学習環境が用意され、子どもたちが自分の状態に合わせて環境が選べるようになれば、誰もが学びやすくなります。

インクルーシブ教育の取り組み

インクルーシブ教育では、すべての子どもたちが平等に学ぶために「合理的配慮」を行います。合理的配慮とは、次項でくわしく説明しま

すが、障害のある子どもが他の子どもと平等に教育を受けられる権利を確保するために、状況に応じた適切な調整や配慮を行う取り組みです。具体的には、

◆子どもを支援する教員やスタッフの配置

◆適切な施設や設備の整備

◆子どもそれぞれの状況に応じた指導計画の立案や授業の実施

などを指します。

　こうしたインクルーシブ教育が実現・定着していくと、障害のある子どもだけでなく、教員や障害のない子どもたちにとってもメリットがあります。

　たとえば、教員にとっては教育スキルの向上や意識の変化があげられます。障害のある子どもにとっては、学びの機会が増えて成長や自立に向けたいい影響が期待できます。さらに、障害のない子どもにとっても、障害に対する偏見をなくし、多様性を学び、共生社会への理解や思いやりの心を育むことにつながります。

　一方、デメリットとしては、支援が必要な子どもへ過剰に配慮することにより、授業が遅れがちになったり、教員の負担が増す可能性が指摘されています。また、障害のある子どもにとって、障害のない子どもたちと同じように学ぶことが逆にストレスになってしまうケースも考えられます。

　インクルーシブ教育の実現に向けた課題はまだ多いことが現状ですが、多様性を理解し、認め合う社会をつくる上で、必要不可欠な取り組みといえます。

学校における「合理的配慮」とは

障害のある子どもが他の子どもと平等に学ぶことができるように、状況に応じて必要な支援、ルールの変更、環境整備などを行う取り組みです。

特性ゆえの困難を適切に補う手立て

２０１６年４月より障害者差別解消法が施行され、公立学校では「合理的配慮」をすることが義務化されました。

合理的配慮とは、障害のある子どもがほかの子どもたちと平等に学ぶことができるように、その子どもにとって必要な支援やルールの変更、環境の調整などを提供するものです。たとえば、車いすを使用する子どものためにスロープを設置したり、目の見えない人に音声で文字情報を伝えるなどの整備や配慮のことです。

発達障害に関しては、たとえば集団の環境になじめないＡＳＤの子どもに小部屋を用意したり、視覚的に情報提供するように工夫したり、感覚過敏がある子どもには対策機器の使用を認めるなどが考えられます。また、「書く」ことが苦手なＬＤの子どもの場合、パソコンやタブレットの使用を認めたり、先生の板書をカメラやスマートフォンなどで撮影するのを認めるなどは、合理的配慮の一環です。

こうした対応をとることは、発達障害の特性による困難の克服をサポートし、学習内容の理解や習得を促してくれます。また、「できた！」「わかった！」という体験を積み重ねることができるので、自信や意欲がわいてくる効果も期待できます。

もし、こうした配慮がなければ、「書く」のが苦手な子どもはノートをとったり、作文を書いたり、板書を書き写すことがスムーズにできません。それが毎日続けば、やがて授業がつまらなくなって集中できなくなり、何らかの問題行動が起こってくる可能性もあります。

先生からすれば、そんな問題行動は授業の妨害に映るかもしれませんが、子どもの立場からすれば、自分だけ授業から排除されているように感じてしまいます。

そうなることを防ぎ、子どもの可能性を伸ばしてあげられるように、子どもそれぞれの特性や困難の要因を見極め、やりにくいことがやりやすくなるように補う手立てを考えていこうというのが、合理的配慮といえます。

合理的配慮を行うには多様性への理解が欠かせない

具体的に授業の現場で合理的配慮を実施するためには、多様性を受け入れ、認める環境づくりが欠かせません。

　それがないまま、LDの子どもだけにパソコンやタブレットの使用などを認めたら、他の子どもたちから「何で○○ちゃんだけ？」といった声が出てくる可能性があります。また、LDの子ども本人やその親にしても、「自分だけ道具を使うのははずかしい」「うちの子だけ特別なことをしていると、まわりから変な目で見られるのでは？」と支援をいやがる場合も出てくるかもしれません。

　そもそも子どもたちが学習を習得していく過程は、特性の有無に関係なく、一人ひとり違います。その子にとって理解しやすい方法や教材を使って学んでいく方が、より深くスムーズに習得できます。そう考えると、子どもを既存の環境に合わせるのではなく、既存の環境を子どもたちに合わせるという考え方をすることも必要になります。

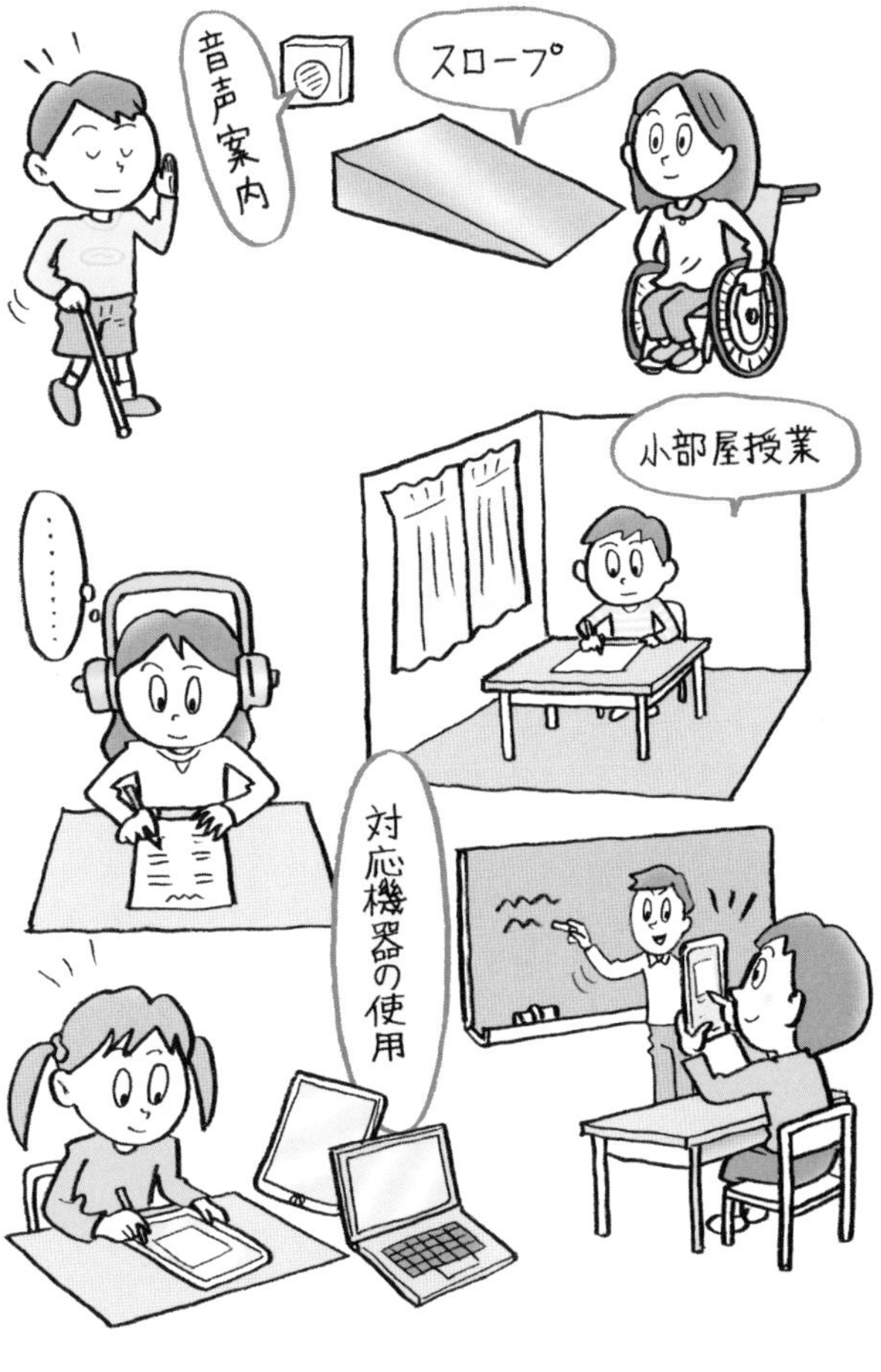

　そうしたことを踏まえて、道具などを上手に活用しながら、多様性を認める環境づくりを進めていくことが、今後重要になってくるといえるでしょう。

特別支援教育という選択肢もある

特別支援教育とは、子どもの自立や社会参加に向けて、子ども一人ひとりの教育ニーズに対応し、より適切で効果的な指導を行うための取り組みです。

一人ひとりのニーズに応じた支援が受けられる

何らかの障害のある子どもが、その能力や可能性を最大限に伸ばし、やがて自立して社会参加するのに必要な力を養うためには、一人ひとりの特性に応じたきめ細かな教育を行う必要があります。そこで障害の状況に応じて、特別に配慮された教科書や教材、専門的な知識や経験のある教員、障害に配慮された施設や設備などを活用して指導を行うのが「特別支援教育」です。

特別支援教育では、通常学級に在

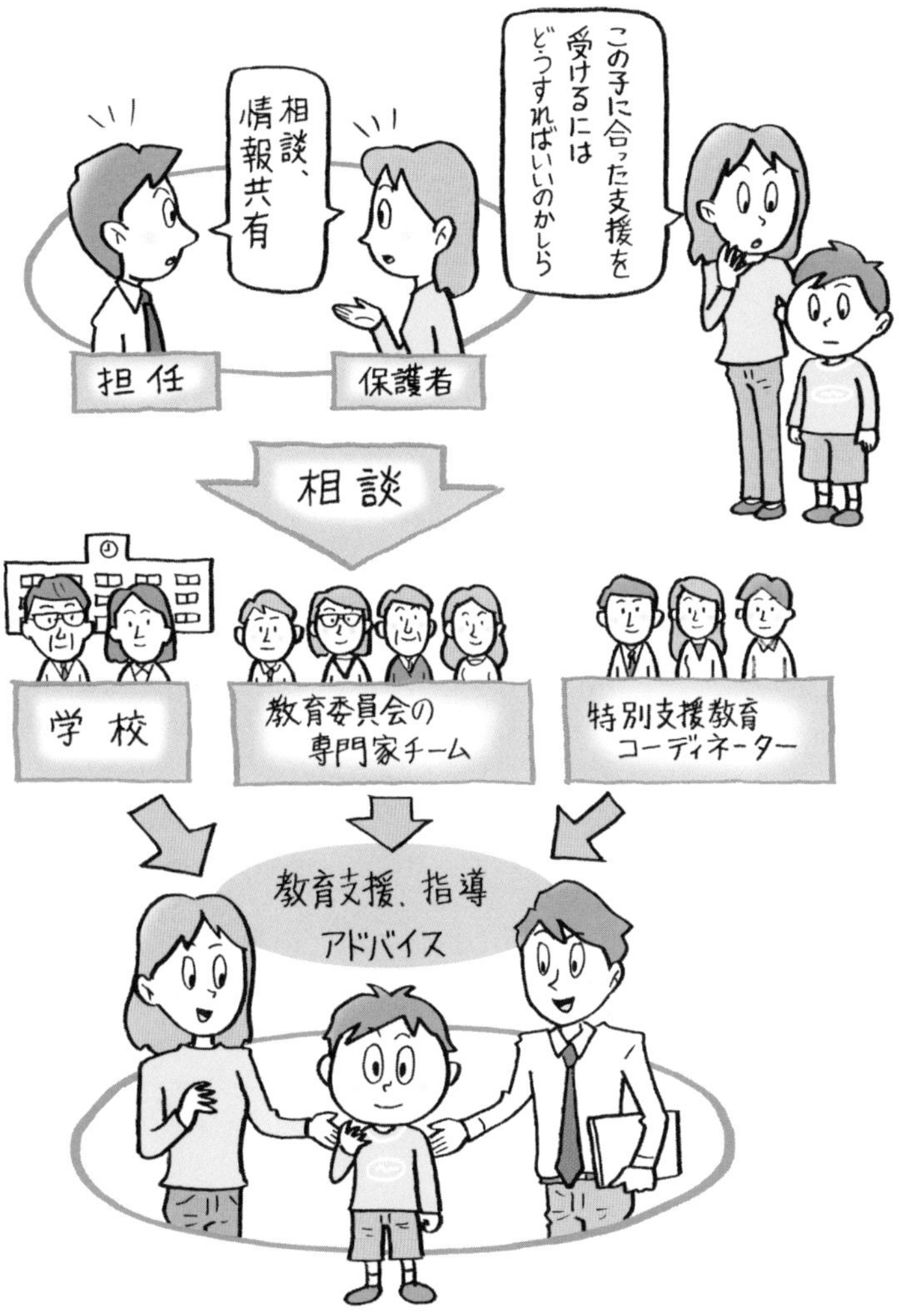

籍している障害のある子どもたちにも、一人ひとりが必要とする支援を行うことに重点が置かれており、「合理的配慮」も特別支援教育の一環として行われます。

さらに、一人ひとりの教育的ニーズにより的確に対応した教育を実施するための場所として、学校や学級は大きく四タイプに分けられています。

子ども一人ひとりのニーズに応じた支援を受けるには、保護者が担任に、あるいは担任が保護者に相談し、情報を共有した上で、学校や特別支援教育コーディネーターに相談します。各地域の教育委員会に設置された専門家チームと特別支援教育コーディネーターが連携して、適切な教育支援を検討し、具体的な指導やアドバイスを行います。

学校や学級は大きく四タイプ

■ 特別支援学校

発達障害など何らかの障害のある子どもを対象に、学習面・生活面の困難の解消を目指す教育が行われています。通常の学校とは別に設置されており、多くは小学部から高等部まであります。通常の学校とは教育課程が違い、生活面における学習が充実しているのが特徴です。

■ 特別支援学級（支援級）

通常の小・中学校の中に設置されている学級です。一般的に「支援級」と呼ばれています。特別支援学校と同じように、発達障害の子どもに対して学習面や生活面でのサポートが行われます。支援級では、在籍している子どもが通常学級の授業に参加することもあります。

■ 通級指導教室（通級）

通常の小・中学校、高校の中に設置されている教室で、一般的に「通級」と呼ばれています。通級は、通常学級に在籍している子どもが、普段は通常学級で授業を受け、週に一定時間利用します。通級では、子どもの学習面や生活面におけるさまざまな課題の中で、本人が個別指導を必要としている部分の教育が実施されます。

■ 通常学級（通常級）

通常の学校に設置されている学級で、一般的に「通常級」「一般級」などと呼ばれます。通常学級でも、子どもの特性に配慮した支援が行われていますが、特別支援学校や支援級、通級などに比べると、子どもの人数が多い分、支援は少ない傾向にあります。

特別支援教育のしくみ

特別支援教育は、小・中学校ではその体制が整備されつつありますが、高校は義務教育ではないため、公立と私立でさまざまな学校が存在します。

小学校の場合

通級指導教室（通級）

通常のクラスで授業を受けるが、支援が必要な科目は特別支援学級で行います。途中で特性に気づいた場合には、通級によって支援を受けることもできます。

特別支援学級（支援級）

特別なカリキュラムによってサポートするクラスです。

特別支援学校

視覚、聴覚、知的、肢体不自由などの障害があり、通常の小学校では学習が困難な場合に通います。

通常学級（通常級）

特性があっても支援を受けずに、通常の学級で学校生活を送っている子どももいます。授業について行けたり、生活に困難がない場合、特性に気づかないこともあります。

高校の場合

高校は義務教育ではないため、通級や特別支援学級はありませんが、特別支援教育は広がりつつあります。高校進学を考える場合は、親の目線ではなく子どもの特性に合わせて検討しましょう。

全日制の一般校

一般の高校では、特別支援教育は始まったばかりです。受験をする前に、進学を希望する高校に支援体制や支援の具体的な内容などを確認しましょう。

特別支援学校の高等部

小中の特別支援学校と同様に支援を受けられます。卒業後の就労を目指した授業も行っています。学校によって特色が異なるので、入学を希望する場合は事前に見学や相談をしましょう。

通信制・定時制、チャレンジスクールなど

授業や生活面で比較的柔軟な対応を受けられます。学校により不登校や学業不振、発達障害など、それぞれに強い分野を持っており、その特徴はさまざまです。入学を考えたなら事前に見学や相談をしましょう。

中学校の場合

通級指導教室

通常のクラスで授業を受けるが、支援が必要な科目は特別支援学級で行います。途中で特性に気づいた場合には、通級によって支援を受けることもできます。

特別支援学級

特別なカリキュラムによってサポートするクラスです。

特別支援学校

小学校卒業後、そのまま進みます。

通常学級

特性があっても支援を受けずに、通常の学級で学校生活を送っている子どももいます。しかし、中学校に上がると学習内容や対人関係が難しくなり、支援が必要になることがあります。

発達障害の子どもに向けた「自立活動」

自立活動とは、特別支援学校や特別支援学級、通級などで、学習面や生活面での困難を改善・克服するために必要な知識や技能、態度、習慣などを学ぶ活動です。

特別な場では特別な支援や指導が受けられる

自立活動は、特別支援学校の学習指導要領で、「個々の児童または生徒が自立を目指し、障害による学習上または生活上の困難を主体的に改善・克服するために必要な知識・技能・態度及び習慣を養い、もって心身の調和的発達の基盤を培う」ことと定義されています。これは特別支援教育の基礎となる指導であり、通常の教育では実施することのない領域であることから、「特別の指導」とも呼ばれています。

その柱となる資質や能力とは、

・何を理解しているか、何ができるのか（知識・技能）
・理解していることやできることをどう使うか（思考力・判断力・表現力など）
・社会とどのように関わり、よりよい人生を送るか（人間性など）

の三つです。

障害のある子どもは、特性ゆえに日常生活や学習においてさまざまな困難やつまずきが生じるため、定型発達の子どもと同じような指導をしていては、三つの要素を育成するには不十分です。

そこで各科目の指導に加えて、自立活動を行うことで三つの育成を促します。

特別な支援が必要な子どもが自立活動の対象

自立活動の対象になるのは、特別支援学校や特別支援学級に在籍している子どもだけでなく、通常の学級に在籍している子どもでも、特別な支援が必要な子どもであれば、状況に応じて自立活動の内容を参考にして指導に当たることがあります。

発達障害の場合、その特性が理解されるようになってからそう時間がたっていないため、自立活動が十分に設定されていないケースも見られます。また、学習面ばかりが重視され、通常学級の補習的な場所として位置づけられている場合も少なくないのが現状ですが、一人ひとりの教育ニーズに応じて、人間関係やコミュニケーションなど生活面におけるニーズにも対応できるようになることが求められます。

自立活動の内容

自立活動は、人間としての基本的な行動を遂行するために必要な要素と、障害による学習上や生活上の困難を改善・克服するために必要な要素で構成され、具体的には6区分27項目に整理されています。障害のある子ども一人ひとりの状態に合わせて、27項目から必要な要素を選んで指導を構築していくことになります。

1 健康の保持

- 生活のリズムや生活習慣の形成に関すること
- 病気の状態の理解と生活管理に関すること
- 身体各部の状態の理解と養護に関すること
- 障害の特性の理解と生活環境の調整に関すること
- 健康状態の維持・改善に関すること

2 心理的な安定

- 情緒の安定に関すること
- 状況の理解と変化への対応に関すること
- 障害による学習上または生活上の困難を改善・克服する意欲に関すること

3 人間関係の形成

- 他者との関わりの基礎に関すること
- 他者の意図や感情の理解に関すること
- 自己の理解と行動の調整に関すること
- 集団への参加の基礎に関すること

4 環境の把握

- 保有する感覚の活用に関すること
- 感覚や認知の特性についての理解と対応に関すること
- 感覚の補助及び代行手段の活用に関すること
- 感覚を総合的に活用した周囲の状況についての把握と状況に応じた行動に関すること
- 認知や行動の手がかりとなる概念の形成に関すること

5 身体の動き

- 姿勢や運動・動作の基本的技能に関すること
- 姿勢保持と運動・動作の補助的手段の活用に関すること
- 日常生活に必要な基本動作に関すること
- 身体の移動能力に関すること
- 作業に必要な動作と円滑な遂行に関すること

6 コミュニケーション

- コミュニケーションの基礎的能力に関すること
- 言語の受容と表出に関すること
- 言語の形成と活用に関すること
- コミュニケーション手段の選択と活用に関すること
- 状況に応じたコミュニケーションに関すること

ASDの子どもを生涯にわたって支援する「TEACCH《ティーチ》」

「TEACCH」は、ASDの子どもの自立をサポートし、QOLを高めることを目的に、本人やその家族、関係者を対象に実践されている支援プログラムです。

自立した生活を送るスキルを身につける

ＴＥＡＣＣＨは、アメリカ・ノースカロライナ州で１９７２年より行われている、ＡＳＤ当事者とその家族を対象にした生涯支援プログラムです。プログラムでは、ＡＳＤの診断・評価、構造化を特徴とする療育、家族・支援者サポート、就労支援といったさまざまなサービスから成り立っています。

自治体や大学などが主体となって、研究機関、専門家、本人、家族、地域などがプログラムを運用。その枠組みは世界に広がっており、日本でも導入されています。

ＴＥＡＣＣＨが目指しているのは、ＡＳＤの子どもが自らの特性を受け入れ、その特性を持ちながら自立し、社会の中で自分らしく、幸福に暮らしていけるように、生涯にわたって支援していくことです。

ＴＥＡＣＣＨの中で子どもはさまざまなスキルを学んでいきますが、それは劣っている機能や能力を修正するためではなく、社会に適応できるようにすることで、ＱＯＬ（生活の質）を高めていこうというものです。

TEACCHが重視する「構造化」のアイデア

❶ 視覚的構造化

ASDの子どもには、絵や文字、写真といった視覚ツールを活用すると、コミュニケーションがとりやすくなります。

❷ スケジュールの構造化

時間の概念を理解するのが苦手なASDの子どもには、スケジュールを構造化して、今日何をするのかがわかるようにすると、不安を取り除いてあげることができます。

❸ ワークシステム

これから取り組む学習や作業を、自分一人でできるようにするための工夫です。視覚的にわかりやすく整えることで、子どもの不安を解消します。

❹ 物理的構造化

家具の配置などで各部屋のレイアウトを工夫し、「ここは○○をする場所」ということが明確になると、子どもはリラックスでき、心理的に安定してきます。

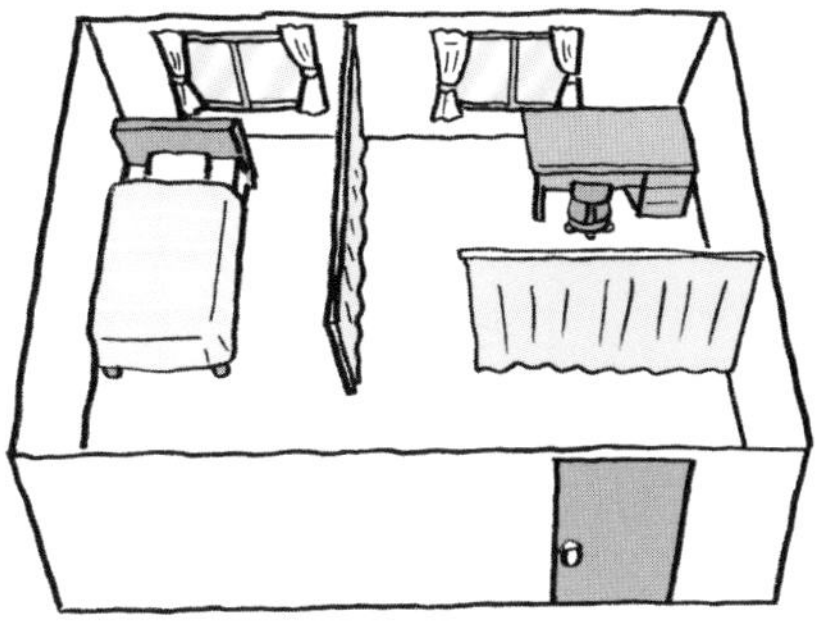

ギフテッドと発達障害

先天的にきわめて高度な知的能力や才能を持っているギフテッド。その子どもたちの中には、発達障害の子どもたちも含まれている場合があります。

日本人の約2・5%の割合で存在している

「ギフテッド（Ｇｉｆｔｅｄ）」という言葉をご存じですか。これは生まれつき飛びぬけて高い知的能力や才能を持っている子ども、またその能力のことをいいます。贈り物を意味する英語の「ギフト（ｇｉｆｔ）」が語源で、海外では「天から与えられた能力」として広く認知されています。

日本では「英才児」と訳され、「飛び級ができるような賢い子ども」という一面的なとらえ方をしていますが、本来は学業だけでなく、言語能力、記憶力、芸術性、創造性、リーダーシップなど、多岐にわたる分野において高い潜在能力を持っています。

ギフテッドは医学における症状ではなく、国によって定義もまちまちですが、かりにＩＱ１３０以上の知的ギフテッドを例にとると、日本人全体の約２・５％の割合で存在するとされています。生まれ持った能力のため、早期教育や英才教育によってギフテッドになることはありません。

ギフテッド＋発達障害＝「2E」

ギフテッドが注目を集めるようになるにつれて、発達障害との関連についてもさまざまな議論がなされています。

ギフテッドの子どもの中には、興味のあることに対して並外れた集中力や情熱を傾けるなど、普通の子どもとは異なる振る舞いが見られる場合があります。それがＡＳＤやＡＤＨＤの子どもの行動と似ていることから、発達障害のある子どもが実はギフテッドなのでは？と期待を寄せる人もいます。

たしかに、日本で通常学級に在籍する小中学生の８・８％に発達障害の可能性があるとされ、ギフテッドは全体の２・５％ほど存在するとされているので、発達障害の子どもの中にギフテッドが存在することはありえます。しかし、「発達障害＝ギフテッド」ではありません。

ギフテッド自体、定義が確立されているわけではないので、その発掘や育成がさかんな欧米諸国でも、ギフテッドの子どもをＡＳＤやＡＤＨＤ、強迫性障害や気分障害などと誤診するケースが少なくありません。

そのため判断は難しいのですが、たとえばＩＱ１３０以上の知的能力の高いギフテッドの中に、ＡＳＤ傾向のある子ども、ＡＤＨＤ傾向のある子どもがいることが知られており、発達障害のあるギフテッドの子どもを「２Ｅ（Ｔｗｉｃｅ－Ｅｘｃｅｐｔｉｏｎａｌ＝二重に特別な、という意味）」と呼んでいます。

「ギフテッド」のおもな特徴

❶ 記憶力が非常に高い
記憶する情報量が非常に豊富です。ただ、学校の成績が優秀であるとは限りません。

❷ すぐに物事を学び判断できる
論理的に物事を考えることができ、判断力にも優れています。

❸ 年齢のわりに語彙力が高い
並外れた語彙力があり、大人でも使わないような表現や複雑な文章を書いたりします。

❹ 数字やパズルなどに親しむ
数字やパズルを含む問題を解くことを好みます。

❺ 感情の起伏が激しく神経質
感受性が強く、神経が過敏で繊細なため、ストレスをためやすい傾向があります。

❻ 正義感が強い
社会や政治などに関心を示し、いじめや理不尽な圧力をきらうなど正義感が強い一面があります。

❼ 想像力が豊か
さまざまなことを頭の中で空想したり、物思いにふけったりすることがよくあります。

❽ 好奇心が強い
好奇心が旺盛で、関心を持ったことに対して興味や疑問を抱きます。

❾ 集中力が高い
興味のあることにはとことんのめり込み、高い集中力が長い時間持続します。

❿ 並外れたユーモアのセンスがある
物事を鋭くとらえ、優れたユーモアのセンスを発揮することがあります。

「2E（ギフテッド＋発達障害）」の子どもをサポートする

近年、日本においても2Eの子どもたちをサポートし、持てる能力や才能を存分に発揮させようとする取り組みや学校があります。

早い段階から子どもの特性に気づくことが大事

日本ではまだ、ギフテッドや2Eの子どもを判定するしくみが整っていません。そのため、子どもの並外れた能力や才能を親が目の当たりにしても、ギフテッドや2Eであることがわからないまま幼児期を過ごし、小学校に上がるケースが多いことが現状です。

しかし、そうした子どもたちは優れた面がある一方で、さまざまな困難も抱えており、通常学級の授業になじめなかったり、友だち関係が築けなかったり、感覚が過敏だったりするなど生きにくさを感じている場合が少なくありません。

そういう子どもたちをサポートするには、できるだけ早い段階で子どもの特性に気づくことが大切です。2Eの子どもはかなり幼少のころから、普通の子どもとは違う言動や行動が随所に見られます。たとえば、一歳にも満たないころから意味のある言葉を発したり、読み聞かせをした絵本の内容を丸暗記してしまったり、未就学のころから大人顔負けの絵を描いたりするなど、驚異的な能力を発揮します。その一方で、文字

を書くことをいやがる、社会性に乏しい、こだわりが強いなどのさまざまな困りごとも垣間見えます。

　その状態を放置していると、子どもは成長とともに困難が増し、イライラしたり、急に大声を出したりするなど精神的に不安定になり、うつ状態に陥る場合もあります。そうならないためにも、「あれ？変だな」と感じることがあれば、一度専門機関や専門医などに相談してみるといいでしょう。

　できるだけ早い段階から、子どもの状態に応じて適切な接し方やサポートを行うことが、子どもの意欲や自己肯定感を育み、本来持っている能力や才能を開花させることにつながります。

「2E」の子どもをサポートする取り組みは始まっている

　２Ｅの子どもたちの特徴を見てみると、たとえば社会性が低い傾向にあります。そこだけに目を向けると発達障害の特性が強いと感じられますが、知能テストを行うと、記憶力、語彙力、文章理解力など特定の能力が非常に高かったりします。

　そのため学校での学習の習得には問題がない場合も多く、２Ｅの子どもたちを療育したり、特別なプログラムで学ばせたりすることなく、放置されているケースが少なくありません。

　とはいえ、２Ｅの子どもをサポートする取り組みは始まっています。現に、２Ｅの子どもたちをメインに独自のカリキュラムを構築して、教育を展開している私立学校があります。そうした学校では、教育の常識にとらわれず、一人ひとりの能力を伸ばすことに特化した授業を行い、能力の開花にひと役買っています。

　さまざまな年齢の子どもが一つの部屋に集まって学ぶこともあれば、得意分野ごとに分かれて、思い思いに絵を描いたり、手芸をしたり、ロボットをつくったりしています。

　また、２Ｅやギフテッドを対象としたオンライン塾や、情報交換を目的としたＷｅｂサイトなどもあります。

■ 監修者略歴

宮尾益知（みやお　ますとも）

東京生まれ。徳島大学医学部卒業。東京大学医学部小児科、自治医科大学小児科学教室、ハーバード大学神経科、国立成育医療研究センターこころの診療部発達心理科などを経て、2014年にどんぐり発達クリニックを開院。主な著書・監修書に『発達障害の治療法がよくわかる本』、『発達障害の親子ケア』、『女性のADHD』、『女性のアスペルガー症候群』（いずれも講談社）、『アスペルガーと愛』（東京書籍）、『発達障害の子どもが元気になるやさしい言葉かけ』、『家族で支援する子どものASD』（いずれも小社）など。専門は発達行動小児科学、小児精神神経学、神経生理学。発達障害の臨床経験が豊富。

■ 参考図書

『女性のための発達障害の基礎知識』　宮尾益知／著　河出書房新社
『ASD（アスペルガー症候群）、ADHD、LD　女性の発達障害』　宮尾益知／監修　河出書房新社
『家族で支援する子どものASD』宮尾益知／監修　河出書房新社
『子どものADHD　早く気づいて親子がラクになる本』宮尾益知／監修　河出書房新社
『LD（学習障害）の子どもが困っていること』宮尾益知／監修　河出書房新社
『親子で力を合わせ 思春期の発達障害を乗り越える』宮尾益知／監修　河出書房新社
『ASD（自閉症スペクトラム障害）、ADHD、LD 入園・入学前までに気づいて支援する本』
宮尾益知／監修　河出書房新社
『ASD（自閉症スペクトラム障害）、ADHD、LD 発達障害の子どもが持っている長所に気づいて、伸ばす本』
宮尾益知／監修　河出書房新社
『発達障害の“二次障害”を理解する本』宮尾益知／監修　河出書房新社
『親子で理解する発達障害 進学・就労準備の進め方』鈴木慶太／監修　河出書房新社
『学校の中の発達障害「多数派」「標準」「友達」に合わせられない子どもたち』本田秀夫／著　SB新書

■ Staff

装丁／志摩祐子（レゾナ）
本文デザイン・DTP／志摩祐子、西村絵美（いずれもレゾナ）
校正／西進社
カバー・本文イラスト／横井智美
企画・構成／青文舎（西垣成雄）
編集／関根利子

発達障害の子どもが自立できる学習環境のつくりかた

2023年11月20日初版印刷
2023年11月30日初版発行

監　修　宮尾益知
発行者　小野寺優
発行所　株式会社河出書房新社
〒151-0051
東京都渋谷区千駄ヶ谷2-32-2
電話　03-3404-1201（営業）
03-3404-8611（編集）
https://www.kawade.co.jp/

印刷・製本　図書印刷株式会社

Printed in Japan　ISBN978-4-309-29353-0